El Sitio de Baler

(Notas y Recuerdos)

Por

el Capitán de Infantería

D. Saturnino Martín Cerezo

Jefe de aquel destacamento

GUADALAJARA

Taller tipográfico del Colegio de Huérfanos

1904

El Sitio de Baler

(Notas y Recuerdos)

1 Oficial Comandante del destacamento: D. Saturnino Martín Cerezo.

2 Gregorio Catalán **Valero**.
3 Vicente Pedrosa Corballera.
4 Loreto Gallego García.
5 Ramón Boade Torno.
6 Miguel Méndez Expósito.
7 José Jiménez Beno.
8 Felipe Castillo Castillo.
9 José Pineda Turán.

10 José Martínez Santos.
11 Eufemio Sánchez Martínez.
12 Ramón Ripollés Cardona.
13 Timoteo López Larios.
14 Pedro Plana Basigaña.
15 Francisco Real Ayuste.
16 Luis Cervantes Gato.
17 Juan Chamizo Lucas.

18 Manuel Menor Ortega.
19 Marcelo Adriano Obregón.
20 Marco Mateo Conesa.
21 Antonio Bauza Fuyana.
22 José Hernández Acocha.
23 Eustaquio Gopar Hernández.
24 Santos González Roncal.
25 Miguel Pérez Leal.

26 José Olivares Conejero.
27 Emilio Fabregat Fabregat.
28 Jesús García Quijano.
29 Bernardino Sánchez Canizo.
30 Domingo Castro Camarena.
31 Pedro Vila Garganté.
32 Ramón Mir Brils.

En el grupo no figura el Médico Sr. Vigil, por no haber estado presente.

Bahay (casa) atrincherado habitado por los jefes tagalos y última pieza de artillería con que cañoneaban al destacamento español de Baler (Filipinas) mandado por D. Saturnino Martín Cerezo

1 Cabo. Alfonso Sus Fojas. } Indígenas que desertaron el 27 de Junio 1898,
2 Sanitario. Tomás Paladio Paredes.} pasando á formar parte de las fuerzas tagalas.

AL QUE LEYERE

Vivos todavía en mi alma, como si dataran de ayer, palpitantes como lo estarán mientras aliente, aquellos once meses de angustia que *agonizamos* en la iglesia de Baler, creo que le debo á mi patria una relación de lo sucedido entre aquellas cuatro paredes, último resto de su dominio en Filipinas.

Por eso doy á luz este libro. Satisfecho de la gratitud y la recompensa merecidas, no pretendo exhibirme; sólamente deseo no dejar olvidado lo que bien merece sumarse á nuestra dorada leyenda, hoy por desgracia tan controvertida y maltratada; hechos gloriosos que indudablemente se hubieran multiplicado en todo el teatro de la guerra,

si otras hubieran sido las circunstancias y
los medios.

Un pequeño destacamento de soldados,
puso allí en evidencia que no han decaído
nuestras virtudes militares: Conviene re-
cordarlo, siquiera no sea más que para reanimar esa fe salvadora de que tanto nece-
sitamos actualmente.

Derribados por el infortunio, caídos en
el apocamiento y el descrédito, considero,
pues, de oportunidad estas páginas, humilde apunte para la historia de aquellos días
luctuosos y debido tributo á mis valerosos
compañeros.

Limpio de resquemores y no deseando ni
la censura ni la crítica, sólo ha de valorarlas
mi sinceridad al escribirlas; sea ello mérito
para la benevolencia en su lectura

Y... Nada más. Paz á los muertos, re-
flexión á los vivos y una oración á Dios
pidiéndole que nos ilumine y nos proteja.

Saturnino Martín Cerezo.

Madrid, 30 de Septiembre de 1904

ANTECEDENTES

— —

Nueva Ecija.—Baler.—Destacamento de Mota.—Sorpresa
Destacamento de Roldán. — Sitio y penalidades.
Columna de socorro. — Paz de Biac-na-bató.

En los mapas de Luzón, anteriores á 1860, la
provincia de Nueva Ecija ocupa una situación muy semejante á la que tiene la república
chilena, en la parte sur del continente americano. Desde algunos kilómetros más arriba de
Punta Malamoy hasta unos tres ó cuatro más
abajo de Puerto de Lampón, extiéndese por
una estrecha zona, de anchura muy desigual y
accidentada, que alcanzará unos 425 de longitud
en su parte más ancha, por el cabo de San Ilde-
fonso, mientras en otras no pasará de diez ó
doce.

Abarcando, pues, casi todo el oriente de la
isla, sepárala del resto uno de los brazos más

robustos del formidable Caraballo, sistema de montañas cuyos ramales, derivaciones y vertientes, cubren todo el país con la maravillosa combinación de sus repliegues. Las aguas del Pacífico bañan su litoral, caprichosamente recortado, pero de navegación peligrosa, debido unas veces á lo inseguro de las costas y lo desigual de los fondos, otras á lo borrascoso del clima, y siempre á la multitud de bancos y rompientes que lo bordean como barrera defensiva.

Cagayán por el norte y Laguna por el sur completan estos límites que, siguiendo al oeste por la indicada cordillera, separanla de Tondo, Bulacán, Pampanga, Pangasinán, Nueva Vizcaya y otra vez de la mencionada Cagayán.

Aunque dividida entonces la isla, para los efectos políticos, en dieciocho alcaldías ó provincias, lo interrumpido á trechos de sus demarcaciones, que hasta en mapas tan cuidadosamente dibujados como los de Coello, se observa desde luego, pone de manifiesto lo indeciso de todas aquellas divisiones. Los diferentes rótulos que indican la situación de las misiones ó las comarcas de los igorrotes y negritos, evidencian lo extenso de la región que se nominaba independiente.

Cubriendo ésta casi toda la parte central y montañosa, protegida por lo fragoso del terreno y el abandono colonial de la metrópoli, tenía que cimentar hondas raíces, y no dejaba para la dominación española, sino los puntos más habitables y accesibles.

Debido á esto y á sus condiciones topográficas, la provincia de Nueva Ecija, gozaba de un aislamiento lamentable, y Baler ó Valert, su cabecera, tan buen concepto debía de merecer á los gobiernos, que la utilizaban para enviar á los deportados.

En los últimos años se activó relativamente mucho la exploración y dominación del territorio; pero ni la primera condujo en realidad más allá de la construcción de nuevos planos, allanando en cierta manera la segunda, ni ésta pasó de la fundación de algún poblado, multiplicación de misiones y rectificación de las alcaldías ó provincias. Continuó, pues, la dificultad en las comunicaciones interiores; la selva indemne con sus maderas de alto precio, la breña con sus mármoles y el terruño con su tesoro inestimable; todo se redujo á la conversión de algunas familias igorrotes, creación de gobiernos y algún aumento en la población contribuyente.

El territorio que ocupaba Nueva Ecija, se dividió en su Alcaldía mayor, y los distritos de la Isabela, Príncipe é Infanta, lindante aquella, por la parte del mar, con los dos últimos, y en el interior con Benguet y Nueva Vizcaya por el norte, Bulacán por el sur, y la Pampanga por el oeste. Así aparecen ya en el excelente mapa

itinerario de la Isla de Luzón, publicado el año
1882 por nuestro Depósito de la Guerra.

*
* *

Baler, antigua cabecera de la provincia quedó
siéndoló de la Comandancia político-militar del
Príncipe, comarca de 124.218 hectáreas y unos
5.400 habitantes, distribuídos entre aquella
(1.900), Casigurán (1.500) y San José de Casignán (2.000), únicos centros de población que
teníamos, y aunque poco lejanos, puesto que de
Baler á Casigurán sólo hay como tres leguas
(16 km.) y un poco menos (15 km.) á San José
de Casignán, bien separados por las condiciones del terreno.

Añádase á esto que limitado aquel distrito por
el mar, de una parte, y las alturas del Caraballo
por otra, sin más vías de comunicación que
sendas y vericuetos y barrancos, interrumpidos
á cada trecho por invadeables corrientes, no se
había modificado su aislamiento; que reducida
la dominación al cobro de los impuestos y tri-
butos; confiado el trabajo de asimilación y cultura, no á las ventajas materiales que allanan la
diferencia de costumbres, sino al cambio aparente
de las ideas religiosas, todo seguía en la independencia más completa; los comandantes político-
militares, cargo desempeñado por capitanes del
Ejército, delegados también de Hacienda, co-

mandantes de Marina, jueces de 1.ª instancia y administradores de Correos, iban cobrando y administrando y resolviendo lo que buenamente podían, gracias á la docilidad popular, no por la dominación efectiva, que se cimenta en las energías de los medios, y el hecho era, como luego nos demostraron los sucesos, que aun los mismos tagalos más intimados, al parecer, con los *castilas* (1) gestionaban la independencia, deseo estimulado constantemente por el desagrado que lleva siempre consigo el pago del tributo, no combatido por la educación y el trabajo, y muy fomentado en el distrito del Príncipe con la frecuente deportación filibustera.

Baler está situado cerca del mar, sobre un recodo, al sur de la ensenada ó bahía de su nombre, distante de la playa unos 500 metros y casi ceñido por una corriente, que separándole de aquella y sufriendo las alteraciones del flujo y el reflujo en las dos mareas diarias, suele cambiarlo en isla con las molestas inundaciones de las aguas.

Como todas las poblaciones filipinas, de vida puramente rural y escaso número de habitantes, reducíase á la iglesia rectoral ó convento, de fuer-

_____

(1) **Españoles.**

tes muros, sólidamente cimentados; alguna casa
de tablas y argamasa, para residencia de su primer autoridad, cuartel ó tribunal, y alrededed-
dor, entre las frondosidades propias del clima,
formando calles rectas, pero no calles como en
las urbes europeas, sino como las que allá en
una selva pudiéra trazar el acha leñadora, sus
correspondientes viviendas de caña y nipa, pues
tas ó construídas de trecho en trecho, disemina-
das, mejor ó peor hechas; pero siempre indicando por su ligereza y sencillez las tendencias erran-
tes de sus moradores y lo inseguro de aquel suelo
feraz tan propenso á la conmoción del terremo-
to. Una breve observación del plano que va inserto al final dará una idea exacta de las condiciones de aquel pueblo, necesaria para la inteligencia del relato.

Hacia fines de Agosto del año 1897 circularon
rumores de que por Dingalán se habían desembarcado muchas armas para la insurrección. El
sitio donde se decía realizado este alijo se halla
situado en lo que llaman la contracosta de Luzón, litoral de Jevante y límite de la cabecera
del distrito del Príncipe, á cuyo comandante político-militar, capitán de Infantería D. Antonio
López Irizarri, ordenó el general en jefe que
informara lo que pudiese averiguar acerca del
asunto.

Inutilmente procuró dicho señor cumplimentar aquella orden. La falta de caminos entre Baler y Dingalán era completa; por el espacio que separa dichos lugares sólo transitaban alguno que otro negros, refractarios á toda civilización y todo trato; como gamuzas para saltar de risco en risco; ágiles como simios para esquivar las dificultades en el bosque, y recurrir á estos aborígenes ariscos, plenamente salvajes, de los que difícilmente podía conseguirse, á fuerza de alagos, que bajaran al pueblo para comprarles alguna carne de venado, era trabajo de una dificultad insuperable.

Así hubo de manifestarlo Irizarri, dando con ello prueba del escaso dominio que podía tener sobre la región que gobernaba. Entonces se dispuso que el crucero de guerra *María Cristina* y un cañonero salieran á vigilar aquellas aguas, reconocer los parajes sospechosos, evitar desembarcos y llevar la tranquilidad á las poblaciones de la costa, seriamente alarmadas con los anuncios de próximos levantamientos, que corrían misteriosamente iniciados y misteriosamente comunicados por la isla.

Algo se calmaron los ánimos y en cierto modo se mejoró la vigilancia con la vista y reconocimientos de la infantería de Marina.

En Baler no existían más fuerzas que un puesto de la guardia civil veterana (un cabo y cuatro guardias) ni eran de conveniencia, dada la difi-

cultad en la exploración del territorio, escasez
de recursos y arriesgado aislamiento en que se
tenía que dejarles; pero el capitán Irizarri, atento quizás á las circustancias del momento y lo
caldeado de los ánimos en aquel centro de con-
finación filibustera, suponiendo muy halagüeños
resultados, pidió y obtuvo que le destinaran cincuenta hombres. Los hechos, por desgracia, no
hicieron esperar la equivocación que padeciera.

*
* *

Tocó dar este destacamento al batallón de cazadores, expedicionario, núm. 2 y su mando al
teniente D. José Mota, de vigorosa juventud y
grandes alientos, que llegó á Baler el día 20 de
Septiembre, realizando con tan escasa fuerza,
cuando ya estaba la insurrección muy alentada,
una marcha verdaderamente admirable por el
Caraballo y Caraballito, cuyas dos cordilleras,
donde tenía su centro de acción y de poderío
el enemigo, supo cruzar audaz, venciendo esca-
brosidades y peligros. Tanto asombró esta marcha, que los mismos contrarios no quisieron dar
crédito á que pudiera realizarla tan corto número de soldados, y suponiendo que se trataba de
una gruesa columna, vieron entre sus manos una
victoria de importancia, garantizada por las ventajas del terreno, y se movieron á su persecución
en grande número. Mota y los suyos debieron

su salvación á la fortuna, que, aún reservándolos para una próxima desdicha, quiso evidenciar, sin embargo, todo el esfuerzo y todo el vigor de aquellos hombres dignos de mejor suerte, y, desde luego, de los honores del recuerdo.

Mota en Baler, cediendo á la confianza que inspiraban al comandante político-militar los habitantes del poblado, incurrió en la imprudencia de fraccionar el destacamento, alojando 10 hombres en el cuartel de los civiles, otros 18 en casa del maestro de escuela y el resto en la comandancia. El se acomodó en la casa del maestro, como sitio más céntrico (1) limitándose á establecer un centinela en la plaza (V. el plano) para vigilar aquellos tres alojamientos, donde no era posible defenderse por la estrechez é inseguridad de las viviendas.

Contrastando con tan apacibles optimismos, fundados en la tranquilidad anterior y la ignorancia de la revolución que amenazaba, el párroco del pueblo, á quien debe suponerse bien al corriente de las circunstancias del momento, escribía estas significativas palabras á un colega suyo en el sacerdocio y rectorado: «Aquí han estado unos barcos de guerra para reconocer el país, figúrate lo que habrán reconocido, y además tenemos cincuenta cazadores al mando de un teniente *muy joven;* estas son *calamidades que*

---

(1) V. el plano.

Dios nos manda y que tenemos que aguantar.»

Así era efectivamente, por desgracia. Trabajados mucho los ánimos en todo aquel distrito por los confinados políticos, tanto la vista y los desembarcos del crucero como el envío de la pequeña guarnición, más que á impedirla, debían contribuir á precipitar la rebeldía, puesto que de una parte carecían de fuerza y de los recursos necesarios para sofocarla en debida forma, y de la otra, con su presencia extraordinaria, verdaderamente anormal, daban motivo para suponer en todo el resto de la isla un trastorno grandísimo, cosa que allí no podría menos de producir efectos sugestivos, sonando como toque de alarma que llamase á la insurrección comprometida.

No tardaron, pues, mucho las *calamidades* anunciadas. El día 7 de Octubre se recibió un telegrama en la Comandancia general del apostadero, participando el comandante del transporte *Manila* que al desembarcar en Baler para ver si ocurría alguna novedad, se habían hallado en la plaza con la de algunos cadáveres de soldados ó indios y la de haber sido víctima de una sorpresa el destacamento, cuya casi totalidad había sido villanamente asesinada. La ocurrencia tuvo lugar el día 5, sólo quince después de su alojamiento en el poblado.

*
* *

En vista del desastre, que produjo gran ex·
trañeza en la capital del archipiélago, porque no
se tenía noticia de que por el distrito del Príncipe
anduviera ninguna partida insurrecta, dispuso
el general en jefe que el capitán de Infantería
D. Jesús Roldán Maizonada, con su compañía,
· también del batallón expedicionario núm. 2,
fuerte de unos cien hombres, marchara el día 8
en auxilio de los supervivientes del ataque, y á
bordo del transporte *Cebú*. Diéronsele instrucciones y el encargo de ir recogiendo las noticias
posibles, en todos aquellos puntos á que arriba-
ran.

Llegados á la barra de Binangonán, el comandante de un cañonero allí estacionado les hizo
notar las dificultades de la empresa: Ignoro —
dijo — lo que puede haber sucedido, pero se
trata de una partida numerosa y llevan ustedes
muy poca gente para el caso.

El 16 llegaron á Baler é intentaron desembar·
car; pero no pudieron hacerlo, en vista del empeño con que se apercibió á la resistencia el enemigo, fuertemente atrincherado en la playa. Era
ya tarde para formalizar el ataque y estaba muy
picada la mar. En vista, pues, de lo intempestivo
de la hora y lo imposible de maniobrar con la
prontitud y soltura que las circunstancias reque-
rían, el comandante del transporte Sr. Barrera,
y el capitán Roldán acordaron seguir en demanda
da del *Manila,* que debía estar próximo.

En el fondeadero de Casiguran, donde á poco trecho le hallaron, pusiéronse al habla con el oficial que lo mandaba y por éste supieron que la mayor parte de la dotación de dicho barco estaba sitiada en Baler con los restos de aquel destacamento. Habían acudido en su ayuda y desembarcado fácilmente, pero una vez en tierra, se habían presentado fuerzas muy superiores, y ellos tuvieron que limitarse á la defensa.

Ambos jefes de marina y el capitán Roldán concertaron sobre la marcha el plan de ataque, difícil, pero inaplazable por el extremo en que se debía de hallar nuestra gente. Quedó, pues, acordado que al amanecer del 17 se partiría so bre Baler, debiendo el *Cebú* proteger el desembarco, merced á una pequeña pieza de artillería que llevaba en la proa. Tal se dijo y tal se hizo. El combate se inició al mediodía y aún cuando los rebeldes trataron de hacerse fuertes en el río que separa la iglesia de la playa, oponiendo una vigorosa resistensia, fueron desalojados y tuvieron que retirarse. Nuestros pobres infantes, que llevaban muchos días de incesante combate, se hallaban, como es de suponer, en un estado lastimoso. Pocas horas después de haberse ahuyentado al enemigo se presentó un soldado que había podido escapar á la sorpresa, y vagado los doce días por el bosque, sin otros alimentos que los naturales de tan inclemente refugio, agenciados como Dios le había dado á entender, temiendo á cada momento ser cogido, y, en cierta ocasión, obligado á pasar muchas horas tendido é inmóvil junto á un centinela insurrecto, bebiendo el agua que le caía de los cielos y esperando la muerte, pero sin pensar un momento en alistarse con los enemigos de su patria.

La sorpresa del destacamento había tenido lugar el día 5, en la madrugada. Una partida · numerosa, formada con gentes del pueblo, de San José, Casiguran y Binangonan, se acercó aprovechando la obscuridad, dió muerte súbitamente al centinela y atacó al mismo tiempos los alojamientos de la tropa. Toda resistencia fué inútil; Mota y nueve soldados perdieron la vida; nueve resultaron heridos y otros ocho, con un sargento y un corneta, prisioneros. Los rebeldes se llevaron también á los cinco guardias civiles veteranos, con sus respectivos armamentos, veintiún fusiles más, correajes y municiones, y al párroco del pueblo Fr. Cándido Gómez Carreño. Los soldados ilesos corrieron á la iglesia con el propósito de resistir á todo trance, como efectivamente lo hicieron, auxiliados por doce hombres de la dotación del *Manila,* cuyo médico sirvió de mucho á los heridos.

El motivo de aquello, según decían los rebeldes, era el destacamento, cuya presencia les disgustaba, efecto indudablemente producido por la semilla que allí dejara, un año y otro, la deportación filibustera.

El día 19 embarcaron la fuerza sitiada, y el
Sr. Irizarri, posesionándose interinamente de la
Comandancia político-militar el capitán Roldán,
que por esta razón no hizo entrega del mando
de su compañía, y se apresuró, escarmentado
por los hechos, á fortificarse en la iglesia, donde
acogió también á unas doce personas que habían
· quedado en el pueblo. Como faltaban víveres,
tuvo que facilitarlos el *Manila,* y cuando éste,
imitando al *Cebú,* levó sus anclas, quedó reducida la cabecera del distrito del Príncipe á su
iglesia, defendida por escasa tropa, incomunica ·
da por tierra, con auxilios no muy fáciles de la
parte del mar, y rodeada de una población sin
vecinos ¡triste presagio, que no se tuvo en cuenta, de lo que había de suceder más adelante!

* * *

Si; Baler quedaba incomunicado por tierra.
Las fuerzas insurrectas, bien que ayuentadas
por el embite de la compañía de Roldán y sus
auxiliares, no habían hecho más que retirarse
del poblado, acogiéndose á las fragosidades inmediatas, y desde aquellas apercibíanse al desquite.

Pocas horas después de haber desaparecido
los barcos, el día 21, volvieron al ataque, per ·
diendo en él un correaje, ciento treinta y tantos
cartuchos y un machete. A la madrugada si-

guiente (día 22) trataron de incendiar el convento, adosado á la iglesia, pero sin resultado. Los días sucesivos fué necesario continuar rechazando sendas acometidas que, sino muy formales, bastaban para recluir al destacamento, sujetándole á fatigosa vigilancia.

El 13 de Noviembre tomaron ya más bríos las tentativas enemigas. Con motivo de la presencia del crucero de guerra *D. Juan de Austria* que llevaba raciones, llegaron hasta oponerse al desembarco. No pudieron lograrlo y las raciones fueron bajadas á la playa; pero no permitieron que las trasladaran á la iglesia, sosteniéndo por espacio de algunos días tan nutrido y constante fuego, que hubiera sido temeridad el intentarlo.

Una de aquellas noches se presentó el cabo de la Guardia civil Pío Enríquez, jefe del puesto que había caído prisionero cuando la sorpresa de Mota.

Venciendo por fin contrariedades y peligros, bajo una lluvia tenaz que las averiaba y dificultaba su transporte, pudieron ser entregadas las raciones, y el comandante del crucero ver por sus propios ojos la suerte que debería correr aquella fuerza si el enemigo, para impedir nuevos auxilios, se atrincheraba tras de los dos brazos del río que por la parte del mar hace imposible á veces la comunicación con el poblado.

Así debió de verlo, pues ofreció gestionar la

supresión del destacamento, cuyo riesgo era
mucho y cuya inutilidad no podía ser más evidente. Quiso, en efecto, desembarcar también un
bote que traía para reconocimientos de la costa;
pero el capitán Roldán se opuso con mucha razón á que lo hiciera, porque no disponía de
gente del país que lo tripulase, ni de fuerza bastante para su guarda, si lo abandonaban por la
playa. Esto era incontestable y ponía de manifiesto la única misión que podía llenar aquella
tropa, sufrir un día y otro las acometidas enemigas, ejercitar con su tiroteo al insurrecto y
correr de continuo el peligro de una sorpresa ó
de un asalto.

Como el *D. Juan de Austria* llevó las órdenes
nombrando á Roldán comandante político-militar de aquel distrito, se hizo entrega del mando
de la precitada compañía el oficial más antiguo
de la misma D. Darío Casado López.

Resumiendo ahora los acontecimientos que siguieron, baste decir que las circunstancias fueron siendo peores cada día: en los últimos de
Noviembre se tuvieron que sostener recios combates para oponerse á la construción de trincheras; luego hubo que ir cediendo ante los avances
de la fuerza, dejar que las abrieran, presenciar
como adelantaban á cerrarse, y el día 11 de Enero del año 1898 ver ya, por último, sentado y
formalizado el nuevo sitio.

Por esto el día 18 fué necesario ejecutar una

salida vigorosa para ponerse al habla con el vapor *Compañía de Filipinas* que aportaba recursos. Algo pudo indicársele, merced á lo extraordinario del empuje, de la triste situación á que se veía reducido el destacamento, pero ni un solo vívere consiguió recogerse, y el barco tuvo que hacerse á la mar en busca de refuerzos, que solicitó desde Atimonan, del general en jefe, puesto de acuerdo con el comandante de la guarnición de Binangonan.

Por los comienzos de nuestras discordias civiles se ha visto más de una vez quedar un pues to aislado en las circustancias de Baler; se ha tenido que necesitar de rudo esfuerzo para ir á socorrerlo, acrecer las dificultades en el auxilio, no importar nada su permanencia, y sostenerlo por ciertas consideraciones de un efecto moral equivocado. Lo mismo se hizo entonces, la primera vez, cuando la desgracia del anterior destacamento, se había mandado una compañía de cien hombres que sólo pudo sustituir á los sitiados, falta de medios para ninguna operación contra los enemigos; ahora esa misma tropa se hallaba completamente rodeada; su presencia sólo había servido para excitar las acometidas insurrectas; había que salvarla, y fué preciso ya organizar una columna relativamente numerosa, de 400 hombres, cuyo mando se dió al comandante de Infantería D. Juan Génova Iturbe, persona ilustradísima y escritor militar ventajosa-

mente conocido; pero esta expedición sólo llevaba el encargo de levantar el sitio, batir el territorio y dejar otra vez al destacamento en su
destino: de no haberse firmado el convenio de
Biac-na-bactó, quien sabe la importancia que hubieran tenido que revestir en lo sucesivo estos
auxilios.

Pero afortunadamente aquella nominada paz
coincidió con la expedición de la columna, que
forzando las marchas pudo llegar á Baler el día
23, en cuya madrugada precisamente, valiéndose de un papel puesto en el extremo de un palo,
que á favor de la noche dejaron clavado en las
cercanías de la iglesia, el cabecilla enemigo había noticiado aquel acontecimiento al capitán
Roldán.

Confirmada tan satisfactoria noticia por Génova y el comandante político-militar de la Infanta, quien añadió el encargo de ir admitiendo
las presentaciones que se hicieran; levantado
con ello el sitio, pudieron estimarse *por dentro*
los trabajos de quienes lo habían padecido.

A los muchos que ya se dejan apuntados; á la
escasez y mala condición de los víveres, fuego
incesante, reclusión obligada tras de los muros
de la iglesia y un servicio penoso, habían agre-
gado el de faltarles todo elemento sanitario, ca-
reciendo, pues, de medicamentos y de médico
habían tenido que presenciar el amargo espec-
táculo de ver á sus enfermos y heridos poco

menos que abandonados, inútil es hablar de lo
mucho que desalienta este abandono. Enfermos
no hay que decir si los habría, y en cuanto á
heridos, sólo del combate sostenido el 11 de
Enero, día en que se cerró el sitio, habían resultado 16 individuos y un oficial. Todo ello, á
cambio de no haberse podido cumplimentar
ninguna de las instrucciones ordenadas al capitán Roldán; merece meditarse.

Curados unos y otros, á la llegada de la columna de socorro, y franqueada la situación
abiertamente con la pacificación arreglada, el
comandante Génova se dedicó á reconocer los
contornos y recibir presentaciones, entre las
cuales hubo la de un titulado coronel Calixto,
y que si no fueron muchas, dieron la nota expresiva de ser todas ellas sin armas, indicio
claro de lo inseguro del arreglo.

EL SITIO

(PRIMERA PARTE)

DE FEBRERO Á NOVIEMBRE DE 1898

I

EL RELEVO

Nuevo destacamento. — El capitán Las Morenas. — Incorporación. — Relevo. — Falta de víveres. — Incidencias. — Primeras disposiciones. — Política de atracción. — El maestro Lucio. — Sin luz y descalzos. Peticiones desatendidas.

Los padecimientos sufridos por la compañía de Roldán, hicieron que se ordenara un relevo, pero reduciendo éste á solo cincuenta hombres, que tocó dar también al expedicionario núm. 2. El teniente D. Juan Alonso y yo fuimos nombrados para mandar aquella fuerza.

Los hechos de que Baler había sido teatro últimamente, daban lugar á una buena porción de comentarios, que girando sobre las condiciones del distrito, no le hacían seguramente muy simpático á los que allí teníamos que ir sin otra misión que la del servicio de las armas. En tiempos normales, cuando los vientos de insurrección no hubiesen todavía oreado aquella especie de Barataria (1), *en los buenos tiempos de Filipinas*, tal vez aquella zona pudiera tener sus particulares atractivos; quizás podía tenerlos aun para los crédulos de Biac-na--bactó y los confiados en la regresión á otros días felices de tranquilidad y bonanza; pero á los que advertíamos la *palpitación* de aquella gente, porque no cerrábamos ni los oídos ni los ojos; á quienes percibíamos lo transitorio de la calma, no podía regocijarnos el envío, allí adonde sabíamos que sólo nos aguardaba la pasividad y la emboscada.

Tal era el crédito que se había merecido el tal destacamento, con lo sucedido en aquellos cinco meses y la evidencia consiguiente de sus circunstancias geográfico-políticas; que al salir de Manila, en la mañana del 7 de Febrero de 1898, nos dijo el primer jefe del batallón, cuando embarcamos: «Van ustedes á un pueblo donde al ¡quién

_____

(1) En tiempos de bonanza el destino de comandante político-militar era muy solicitado. Este de *El Príncipe* tenía de gratificación 25 pesos mensuales. Por los de juez de 1.ª instancia, administrador de Correos y subdelegado de Marina también recibía sendas gratificaciones, y como subdelegado de Hacienda percibía el 2 por 100 sobre las cédulas personales y demás efectos timbrados; papel, sellos, etc.

vive! de los centinelas responden ¡*Katipuman!*; procuren atraerse á los naturales llamándolos con buenas maneras y diciéndoles: hombre; *Katipuman*, no; *mabuti tao* (1). Aquello no es muy bueno, pero, en fin, sólo van ustedes por dos meses.»

Habiendo coincidido con nuestra partida el nombramiento del capitán de Infantería D. Enrique de las Morenas y Fossi, para comandante político-militar del distrito de *El Príncipe*, hicimos reunidos el viaje, que duró cinco días, y de cuyo itinerario paréceme de oportunidad breve reseña, por lo que pueda indicar, ya en plena paz, sobre los medios de comunicación de aquel distrito con la capital del Archipiélago.

Por el río Pasig, hermosa vía cuyas poéticas orillas dan constantes ejemplos, bien que sólo iniciados, de lo que puede hacerse con el trabajo y la civilización en Filipinas, condújonos el vapor hasta Santa Cruz de la Laguna, donde nos detuvimos aquella noche, saliendo para Maubán al otro día. Dos nada menos tardamos en recorrer esta corta distancia, pasando por Magdalena, Majaijay, Lumbán y Alfonso. La primera jornada pudo Las Morenas ir á caballo, pero la segunda fué preciso llevarlo en hamaca, rendido por las neuralgias que sufría. Llegados á Maubán, hubo que aguantar nueva espera mientras llegó un

---

(1) Buen hombre.

transporte, que zarpó de Manila tres días antes de
que saliéramos nosotros, y embarcados en él llegamos á nuestro destino el 12 por la tarde.

En dicho transporte fueron también á Baler
con nosotros Fr. Cándido Gómez Carreño, prisionero cuando la sorpresa de Mota, que volvía
de nuevo á su parroquia, y el entonces médico
provisional de Sanidad Militar, D. Rogelio Vigil
de Quiñones y Alfaro, que llevaba el encargo de
organizar y dirigir la enfermería de que tánto se
había necesitado anteriormente. Acompañábanle
á dicho efecto un cabo y un sanitario indígenas,
con otro sanitario europeo; personal, por lo visto, que se consideraba suficiente.

El río, desbordado hasta unos cuantos pasos
de la iglesia, nos ofreció la primera dificultad á
nuestro arribo, pues algunas raciones, que para
la fuerza se desembarcaron al llegar, tuvieron
que permanecer más de tres días abandonadas
en la playa y estropeándose á la intemperie.

Aquel dichoso río fué siempre como un foso
de incomunicación para el destacamento. En
otras condiciones hubiera podido servirnos de
utilidad y aun de resguardo; pero con sus
vueltas y sus revueltas y crecidas, invadeable la
mayoría de las veces, no podía servirnos más
que de red que nos detuviera y nos aislase.

Tenía un puente que, arrebatado por las aguas,
no dejó más que los pilares de su asiento, recios,
de mampostería, que hubieran podido servir

para la reconstrucción sin mucho esfuerzo, pero que se dejaron á la corriente por inútiles (1). En cambio se consideró resuelto el problema con un bote que se hacía pasar cogiéndose los conductores á un bejuco, tendido de una orilla á otra, de igual manera que algunas barcas en España. Las Morenas acordó nombrar diariamente un indio para desempeñar este servicio, pero aquél se marchaba cuando mejor le parecía, y como no faltaban los pasajeros, pues casi todo el pueblo vivía de la pesca y la sal, era continuo su tránsito y continuo también el esperar los de un lado á que alguien pudiera traerles el bote, que había sido abandonado en el opuesto. Sin darnos cuenta, era este un medio de recordar á tales gentes nuestro aislamiento cuando nos privaran de aquel paso.

Hecho el relevo de la comandancia político-militar por los respectivos capitanes, y del destamento por los oficiales respectivos (2), pasaron á bordo, en el mismo transporte que nos había conducido, Génova con su tropa, Roldán y la compañía destacada, zarpando el buque por la derrota de Manila, luego que, tranquilizada la mar, pudieron levar anclas para salir de la ensenada.

Su partida es en realidad como la escena pri-

_____

(1) Mereciendo advertirse que no muy lejos había madera cortada y abundante para reconstruirle.

(2) · Ambos mandos eran independientes.

3

mera de la tragedia cuya relación me propongo. Aquellos víveres que nos dejaban por la playa eran los últimos que debía recibir el destacamento, con ellos y los almacenados en la iglesia debíamos afrontar un largo sitio ¿quién lo hubiera pensado? ni un hombre, ni un cartucho, ni un saco de galleta debíamos ya recibir de nuestro ejército.

No escaseaban las municiones que teníamos; pero no sucedía lo mismo en el inventario de raciones. Cuando todas quedaron almacenadas en la iglesia pudimos ver lo muy averiadas que se hallaban, así por las condiciones en que la mayor parte se habían desembarcado y conducido, como por las de su depósito, que á la sobra de humedad y estrechez reunía la falta de ventilación y soleamiento. No fueron muchas, por otra parte las que llegaron con nosotros, y la columna de Génova, con el diario consumo de sus cuatrocientos individuos y la expansión natural de lo que abunda, se había surtido de los artículos mejores, quedando sólo intactos los averiados ó inservibles.

Tanta fué á pocos días la descomposición á que llegaron y tanta la imposibilidad de utilizarlos, que fué necesario dar como baja y arrinconar una gran parte. Gestionando el remedio á la escasez que por consiguiente amenazaba, procuramos desde luego grangearnos las simpatías del poblado, comprándole cuanta carne

y pesca nos ofrecía, pagándolo generosamente
al precio que fijaban y estimulando por consecuencia su codicia. Siguiendo este procedimiento
se fué logrando que regresaran los ausentes,
que volvieron de nuevo á sus ordinarias tareas,
y reducir el gasto de nuestras vituallas disponibles.

No pudo, sin embargo, continuar esta reduc-
ción mucho tiempo. Cizañada la fuerza por el
cabo Vicente González Toca, espíritu indiscipli-
nado á quien tuve que hacer fusilar más adelante, protestó reclamando que no se pusiera
en el rancho ni carne de carabao ni de venado.
Había que atenderles, y se dió conocimiento del
hecho al Capitán general, para la resolución
oportuna, que fué de conformidad con lo recla-
mado por la tropa; y como si aquel Baler hubiera sido una factoría bien provista, fácil de reponer, se dispuso igualmente que á los vecinos del
poblado, teniendo en cuenta la escasez de los
medios de vida que tenían, se les vendiesen los
víveres ó raciones que pidieran. A esto siguió (1)
una relación de precios y otra de los artículos
que á cada clase de ración correspondían (2),
pero ni aun el anuncio del oportuno suministro.

El destacamento se alojó los primeros días en
la iglesia, lugar que los acontecimientos habían

_____

(1) V. en el apéndice.
(2) V. en el apéndice.

demostrado ser el más á propósito; allí á lo menos había medios para evitar una sorpresa, allí
estaba el depósito, buenas ó malas, pocas ó muchas, de las raciones que teníamos, allí nuestras
municiones y allí el refugio extremo, llegado el
caso de alguna desagradable contingencia, pero
el capitán Las Morenas, queriendo seguramente
dar á entender sus vivos deseos de intimidad y
confianza, significó al teniente Alonso, jefe de la
sección, la conveniencia de que la tropa se aco-
modara en la Comandancia militar, donde él te -
nía su residencia y oficinas, quedando sólo para
el resguardo de la iglesia, una pequeña guardia
bajo las órdenes de un cabo. Así se hizo, y cuando fué retirado el puesto de la Guardia civil,
que diariamente vigilaba la playa con dos números, para evitar que alijaran armas, se mandó también á dicho servicio una ó dos parejas
de soldados.

El comandante político-militar buscaba sobre
todo el renacimiento del poblado, su regeneración
administrativa, la conformidad y avenencia de
sus habitantes. Era optimisma y se proponía re-
ducirlos moral y socialmente. Mucho logró, en
efecto, con las relaciones comerciales de que ya
dejo hablado, pues al cebo de la ganancia y al seguro de haberse olvidado completamente lo pasado fueron volviendo á sus respectivos domici-
lios. Bien es verdad que á esa repoblación debió
de contribuir poderosamente la normalización

que se iba restableciendo en toda la isla, más
que real aparente, y, según *voz del pueblo*, transitoria, *hasta Junio,* pero que al fin y al cabo
servía para tranquilizar mucho los ánimos. Era
el capitán Las Morenas, también, de un porte
muy agradable con los indios; atento y expan-
sivo, fiaba demasiado en las simpatías de aquellos.

Gracias á lo primero pudo recaudar algo del
impuesto de cédulas personales, timbre y algunos otros que debían pagar los naturales del país.
A consecuencia de lo segundo tuvimos pronto
que lamentar una desgracia.

Había tomado por consultor ó consejero, que
así á lo menos se deducía de su intimidad en el
trato, al maestro de la escuela, de nombre Lucio,
quizá buscando la referida simpatía, y se había
dedicado con singular actividad al cultivo de los
terrenos afectos á la Comandancia, valiéndose
para ello de la prestación personal. De aquella
especie de granja, prueba de su confianza en la
paz, encargó á dicho maestro, quien no tardó,
por ello en captarse la enemistad de todo el pueblo. Sucedía efectivamente que los vecinos cum-
plían de muy mala gana este servicio, murmu-
rando que, por lo particular de su objeto, nada
tenía que ver con la prestación de sus personas,
legalmente ordenada; que se les perjudicaba en
sus intereses; que aquello era un abuso. De modo
y manera que mientras el capitán suponía que,

merced á los atractivos de su manera de portar-
se, cuanto él mandaba era sabido y obedecido
con agrado, los otros, por el contrario, renega-
ban, y, en su afán de satisfacerse con alguno, in-
culpaban á Lucio de aconsejar tan inconveniente
servidumbre. Siguieron, pues, la murmuración
y los trabajos, pero la nube debió de irse agran-
dando y electrizando en tales términos, que el
pobre maestro fué asesinado por algunos del
pueblo.

Por cierto que á este individuo hubo que
agradecerle también, por nuestra parte, no haber
hecho con tiempo y buenas condiciones lo que
luego nos fué tan necesario, y tan salvador, y
tan sencillo.

Como Baler no tenía más agua que la de un
canal que lo rodeaba por el sur y el oeste, á
cuya opuesta orilla comenzaba la espesura del
bosque, y como quiera que los susurros del al-
zamiento no dejaban de propagarse, me ocurrió
el trance crítico en que deberíamos hallarnos si,
teniendo que afrontar nuevo sitio, nos encon-
trábamos sin agua, ya porque nos privaran de
ella, cortando el mencionado canal, lo que no era
difícil, ó ya porque, situados y ocultos en el bosque, nos hicieran imposible tomarla, puesto que
desde aquél y al abrigo de la cortina del ramaje,
podrían fácilmente cazarnos ó fusilarnos á man-
salva.

La poca elevación del terreno, y la cercanía

del mar, convenciéronme de la sencillez de abrir
un pozo. Así lo indiqué á Las Morenas, señalando la plaza como lugar más á propósito, y ex-
poniéndole razonadamente mis recelos. Atendió
la propuesta entre descuidado y conforme, diciendo que lo consultaría con el maestro y así
lo hizo, pero como éste le arguyera, faltando
seguramente á la verdad, que ya en otras ocasiones habían querido abrirse algunos pozos y
que no habían obtenido resultado, quedó en
dicho y abandonado mi proyecto.

Con la recaudación de las cédulas, papel sellado y sellos de correos, iba la Comandancia saliendo de sus apuros del momento. El señor
Irizarri se llevó al marchar todo cuanto dinero
había en ella; Roldán no había llegado ni á per-
cibir un sólo céntimo, y de Manila no se acor-
daban de mandarnos. Las Morenas empero con
los recursos que pudo ir procurándose, y que,
según mis cálculos, no debieron de pasar de unas
10.000 pesetas, fué abonándole al cura para la
satisfacción de sus haberes, al destacamento para
el socorro del soldado y á nosotros las pagas; lo
mismo hizo con el Sr. Vigil y sanitarios, mas
nada pudo hacerse para otras muchas necesidades evidentes y perentorias, como era, entre
otras, la instalación de la enfermería.

Bregando, pues, contra la estrechez y el abandono llegó un momento en que la tropa no tuvo
ya con que poder alumbrarse por la noche; las

provisiones, como ya dejo dicho no abundaban;
faltaban elementos para reponer el vestuario y
la gente lo iba necesitando con apremio; no teníamos de repuesto ni un mal par de zapatos y
aquellos malaventurados muchachos quedában-
se descalzos: hubo que pedir todo esto y pedirlo
con insistencia, con la insistencia de la necesidad
evidenciada, lógica, inexorable, pero, amargo
es decirlo, no fuimos atendidos; razones poderosas creo yo, desde luego, que obligarían á ello; no
pretendo inquirirlas, ni examinarlas ni juzgar-
las, pero el hecho es, y bien merece después de
todo consignarse, que desde el día 12 de Febrero
del año 1898 que llegamos á Baler, hasta el 2 de
Junio de 1899, fecha de nuestra memorable capitulación, no recibimos, como ya dije antes de
ahora, ni un centavo, ni una galleta, ni un cartucho.

II

COMIENZA EL SITIO

Renace la insurrección. — Incomunicados. — Fuga de un preso. — Cerrazón. — Nuncios de ataque. — Fuga del vecindario.—Sin ropa.—Medidas de precaución.— Más deserciones. — Todos á la iglesia. — Primer combate. — Sitiados.

AQUELLA inquietud de un principio, indicio claro de que la paz de Biac-na-bactó no era más que un entreacto; aquel susurro de una segunda y vigorosísima rebeldía, que llegó á señalar para Junio la chispa del incendio, fueron creciendo con alarmante desarrollo, como el rumor del trueno que, producido en las alturas, parece caer rodando por las vertientes y despeñaderos de la sierra.

En Abril de 1898, supe ya que se reclutaba gente de Carranglán, Pantabangán y Bongabon, para una partida cuyo centro de reunión estaba en San José de Lupao. Traté sigilosamente de averiguar si era cierta la noticia, y por algunos vecinos del mismo Baler, que habían ido en bus-

ca de arroz á dichos pueblos, conseguí comprobarla: «A nosotros — me dijeron — también nos
han querido alistar y nos han ofrecido buen dinero.»

Seguidamente lo avisé al comandante político-
militar y al de la fuerza, quienes me contestaron,
el primero, que lo pondría en conocimiento del
Capitán general, y el segundo, que lo haría saber
por escrito al comandante del puesto de Pantabangán, para que tomase las resoluciones oportunas.

En la segunda quincena de Mayo (1), las noticias se agravaron públicamente. Aquella partida,
bastante numerosa ya para lanzarse al campo,
hízolo desde luego simultánea y resueltamente,
se apoderó de los dichos pueblos, donde se había
reclutado, y nos cerró del todo las comunicaciones interiores con el resto de la isla.

Pronto advertimos la estrecha vigilancia con
que se cuidaba este cierre. El 1.º de Junio
remitimos á Manila los justificantes de revista y
con ellos la documentación de Mayo; correo y
conductores fueron detenidos y prisioneros;
pero á los cinco días consiguieron evadirse, regresar al poblado y traernos el anuncio de los
nuevos peligros que se concitaban sobre Baler.

_____

(1) Por uno de los últimos correos que en este mes
recibimos por tierra llegó á nuestro poder la *Gaceta* con
la noticia del rompimiento con los Estados Unidos y la
catástrofe de Cavite.

Era indudable que nuestro pequeño destacamento seguía excitando la codicia y las preferencias enemigas. Nada más natural: Envalentonados con la fácil sorpresa de Octubre, que les
valiera sus primeros fusiles Mausser, su victoria
en el desembarco del *Manila,* y el acorralamiento
de la compañía de Roldán; sabiendo, como debían de saber, al detalle nuestra situación y recursos, nuestro posible aislamiento por la parte
del mar, y conociendo la resonancia de la presa,
era lógico, digo, que se apercibieran contra Baler. Tenían segura la complicidad y la concurrencia del poblado, creían á su alcance, aguardando no más que se adelantasen á tomarlos,
cincuenta fusiles con abundantes municiones, y
sobre todo esto aquel deseo de copar al destacamento: deseo no satisfecho anteriormente, y que,
por consecuencia, debía de aguijar extremadamente su amor propio; deseo, además, que
podían mirar entonces, de realización bien sencilla, porque tenían fuerza sobrada para ello
y exceso nosotros de abatimiento y desamparo.

Viendo la imposibilidad de comunicar al Capitán general lo que sucedía, hizo Las Morenas
llamar al ex-cabecilla y vecino del pueblo, Teodorico Novicio Luna, pariente de aquel célebre
autor del *Spoliarium,* á quien favoreció España
con el premio de honor en la Exposición de
Bellas Artes de Madrid el año 1884 (1), y le pre

(1) Luna Novicio.

guntó si tenía persona de confianza que pudiera llevar un parte al gobernador de San Isidro, para su tramitación á Manila. Contestó afirmativamente y le presentó á un tal Ramillo, de quien dijo que respondía. Entregóse á éste un telegrama cifrado, que se ató á un muslo por si le detenían los insurrectos, y luego volvió diciendo que le habían efectivamente detenido, puesto como nació, y encontrado el papel, cuya lectura no habían podido lograr y cuya procedencia no había él querido decir; que habían acabado por romper el escrito y que no le habían dejado pasar.

Ellos y Dios sabrán si todo esto fué verdad ó mentira. A mi desde luego, aquello de atárselo al muslo, más á propósito para despertar la sospecha si por acaso le desnudaban, que no para otra cosa, me ha parecido siempre del género inocente.

Procedentes de Binangonan, llegaron á todo esto dos *fontines* (1) conduciendo *palay* (arroz con cáscara), para vender á los de Baler. No era de perder la oportunidad y así lo hicimos, confiándoles otro parte y la documentación, formalizada nuevamente, á fin de que los llevaran al jefe de la guarnición de aquel poblado. Aceptaron muy serviciales el encargo y partieron con él dejándonos con la natural esperanza, que no tardó,

_____

(1) Barcazas de vela.

por cierto, en desvanecerse amargamente, pues
que tan pronto como se marcharon dichos barcos, hecha la venta de la mercancía que trajeran,
y el encargo secreto que á buen seguro moti-
varía su venida, cuando se corrió la noticia,
fundada en las que habían traído sus tripulantes,
de que Binangonan estaba ya insurreccionado.

Era una prueba más de lo que podíamos fiar
en aquel vecindario, tan reservado cuando pudo
advertirnos y tan comunicativo después, cuando
creía con la novedad mortificarnos.

El día de San Juan tuvimos ya que anotar un
mal presagio. Desde mucho tiempo antes había
dos individuos metidos en la cárcel. Incendia-
da ésta cuando los primeros acontecimientos de
Octubre, fué necesario trasladarlos al Tribunal,
nombre que dan allí á la Casa Ayuntamiento, y
en él permanecían cumpliendo su condena ó esperando la resolución de la causa. Ignoro cuales
pudieran ser las faltas ó delitos que habían mo-
tivado el encierro, no serían muy graves, pero
uno y otro eran naturales del país, hallábanse
detenidos por nosotros, y apesar de las ocasiones presentadas, el hecho es que sus compatri-
cios no los habían libertado. Merece repararse.

El Capitán, sin embargo, tomó á uno de ellos,
que decía llamarse Alejo, para que le sirviera
de criado (1). No se portaba mal y andaba con

_____
(1) El comandante político-militar no tenía derecho
á que por el destacamento se le diese asistente.

libertad por todas partes; inútil es decir si tendría lugar de atisbaduras y de acechos. El fué
quien dió la señal, por decirlo así de la desbandada, que vino en breve como á obscurecer el
horizonte, marchándose al enemigo el día 24 de
Junio, con el sable del señor Vigil, nuestro
médico.

Las Morenas dió el encargo de capturarle á un
tal Moisés, cabecilla en la insurrección anteriormente, el cual volvió diciendo que Alejo se
había incorporado á los de Pantabangán, partida numerosa que vendría contra nosotros el día
27, para dar muerte á Novicio Luna, *que no
había hecho caso de su invitación á sublevarse.*

Mandóse llamar á éste, suponiendo tal vez que
desconocía la noticia, mas como todo no era
otra cosa que una entrenida y un engaño, como
sólo buscaban la preparación de la sorpresa, y
era de recelar, que les descubriéramos el juego,
ya no fué hallado en su domicilio el tal Novicio:
«Ha ido á la sementera, contestó su familia; tar-
dará en volver unos días.» Si el hombre de
confianza que aquel llevó á Las Morenas, para
el parte al gobernador de San Isidro, se ató este
parte al muslo; bien pudo luego imaginarse
aquel pretexto, pensando en que *nos le atásemos
al dedo,* como suele decirse por esta cándida
tierra de garbanzos.

Teodorico Novicio Luna era... *el jefe de todas
las fuerzas insurrectas del distrito del Príncipe* y á

donde había ido era por armamentos para la
partida que, á sus órdenes y en concurrencia
con la otra de Pantabangán, debía revolverse
contra el destacamento de Baler.

Todo iba descubriéndose. El día 26 fueron
visibles las deserciones del poblado, lo que anun-
ciaba próximo ataque, de igual manera que la
desaparición de ciertas aves suele indicar la
proximidad de la tronada: El párroco durmió
en la Comandancia. Era necesario tomar precauciones enérgicas, prontas; y así nos lo dió á
entender á la siguiente mañana todo el vecindario, por si aún esperanzábamos.

Al amanecer ya no quedaba ni un habitante
por el pueblo, todo estaba solo y abandonado,
pero no era esto lo peor, que al fin y al cabo más
valía estar así que mal acompañados, lo más grave y sensible era que se habían llevado con ellos
el baul de Fr. Carreño, con 340 pesos en dinero
contante, y, sobre todo, la ropa interior y exterior que habían dado para lavar nuestros soldados. Ya he dicho anteriormente como estaban
de vestuario aquellos infelices muchachos.

Teniendo, pues, que rendirse á la evidencia, se
ordenó apercibirnos para defendernos en la
iglesia, y durante aquel día, 27 de Junio, se
trasladaron á ella unos víveres que se habían
llevado á la Comandancia militar, como sitio
más ventilado, y unos sesenta cavanes (1) de

_____
(1) El Caván tiene 25 gantas y la ganta 3 litros.

palay que había comprado el párroco á los fontines de Binangonan, para revenderlo después,
con la ganancia no prohibida por los cánones.

Aquella tarde hubimos de añadir á los acontecimientos del día la desaparición del cabo y sanitario indígenas, Alfonso Sus Fojas y Tomás Paladio Paredes, que habían ido con el Médico.
También tomó las de Villadiego mi asistente, soldado peninsular, Felipe Herrero López. Por la
noche nos encerramos en la iglesia, con Vigil,
Fr. Gómez Carreño y el comandante militar,
cuya jurisdicción se desvanecía como el humo.

Lo mismo sucedía con el entusiasmo de todos.
A nadie se ocultaba que las circunstancias eran
muy críticas, el enemigo ensoberbecido y numeroso, aquellos muros débiles, reducidos los elementos defensivos, posible la infidencia y no
muy cierta la garantía de socorro: era, en fin,
llegado el momento, siempre angustioso, en que
la voz del honor se alza imponiendo la consu-
mación del sacrificio, y una muerte probable,
inminente, sin otra gloria visible que la de nuestra propia conciencia, surge humillando con el
sudario del olvido.

Aquel mar desierto, con el río por antefoso invadeable; aquel pueblo desalojado y silencioso;
el bosque y la montaña, que se podían considerar como imposibles, y el abandono que se nos
venía demostrando, no eran seguramente para
inspirarnos resolución ni grandes ánimos.

La mañana del 28 hice yo la descubierta con catorce individuos, sin novedad, y durante el día ocupamos toda la fuerza franca de servicio en abastecer de agua la iglesia, llenando unas veintitantas tinajas que sacamos de algunas casas del poblado.

El 29 practicó el mismo servicio, con igual fuerza, el comandante del destacamento, mi compañero Alonso, y no se tuvo que lamentar más ocurrencia que la deserción de un soldado, Félix García Torres, que huía, por lo visto, de la *debâcle*, como las ratas del hundimiento de las ruinas. Después de todo no era el primero ni debía de ser el último. Luego nos ocupamos en el derribo del llamado convento, que no era en realidad sino la vivienda del párroco, adosada á la iglesia. Almacenamos en sus mismas bodegas toda la madera que produjo el derribo y, pensando en utilizarlo de corral, dejamos intacto el zócalo, de piedra y unos dos metros de alto, como cerca; yo hice coger tres ó cuatro caballos, con el fin de matarlos y aprovecharnos de su carne; pero habiendo protestado algunos soldados, manifestando que no la comerían de ninguna manera, dicho lo mismo Alonso, y no pareciendo muy conformes los otros, no tuve más remedio que ceder á lo que me dijo el capitán y ordenar que se les dejase por el campo.

La fecha del 30 de Junio de 1898 quiso ya Dios que la señalásemos con sangre. Hasta entonces

4

no habíamos tenido que registrar sino amenazas, presagios y temores; la traición que desanima y la villanía que se burla; pero aquella mañana cerró el nublado y, lo digo sin alarde, con la llaneza de una sensación deseada y temida, cerró el nublado y se respiró con desahogo.

Salí para realizar la descubierta con sólo catorce hombres, el mismo número que los días anteriores. Todo estaba en silencio. Marchábamos con las precauciones de ordenanza, pero sin advertir nada que pudiera inquietarnos, cuando al llegar como á unos cincuenta pasos del puente de España, situado al oeste del pueblo; de pronto, el enemigo apostado en el canal que va por dicho puente, rompió nutrido fuego, y, al toque de ataque, se abalanzó contra nosotros, pretendiendo envolvernos; comprendiéndolo así no tuve más remedio que disponer la retirada sobre la iglesia, adonde, no sin trabajo, pudimos llegar, conduciendo al cabo Jesús García Quijano, herido de gravedad en el pie izquierdo, y donde fué necesario refugiarnos á toda prisa.

Me había cabido en suerte contestar á los primeros disparos y debía contestar con el último.

Estábamos sitiados.

III

1.º DE JULIO AL 19

Primera intimación. — Apercibiendo la resistencia. — Segunda intimación; respuesta de Las Morenas. — Desertores, no. — Construcción de trincheras. — Gregorio Catalán prende fuego á varios edificios. — Navarro León repite la empresa. — Defensiva contra el asalto. — Suspensión de hostilidades: cambio de obsequios. — Aparato y sedición. — Carta de Fray Gómez. — Intimación de Villacorta.—No hay rendición.

CON las primeras luces de la madrugada siguiente nos encontramos una carta que habían dejado cerca de la iglesia. En ella nos decían que depusiéramos las armas para evitar el derramamiento inútil de sangre, puesto que ya casi todas las fuerzas peninsulares habían hecho lo propio, y que toda resistencia era temeraria. Luego añadían que formaban tres compañías sobradamente numerosas para rendirnos: El escrito no produjo grande impresión.

A lo de que hubieran capitulado casi todas las fuerzas españolas, no le dimos otra importancia que la de un ardid vulgarísimo; pero como la evidencia era incontestable y los antecedentes que habíamos podido ir sumando revelaban que las circunstacias debían de ser muy críticas y el trance muy tenaz, comprendimos que la cosa iba para largo, y procuramos, con la natural actividad, prepararnos para ello, en todo cuanto se hallase á nuestro alcance. La decisión había sucedido al recelo y algo muy grande se despertaba en nuestras almas.

Volví por mi parte á insistir en lo del pozo, porque si estrechaban el cerco y no podíamos salir de la iglesia, como al fin sucedió, no había otro camino que rendirnos, inmediatamente á discreción. Las Morenas andaba, creyendo á pies juntillas en lo dicho por el difunto maestro, pero acabó por autorizarme, y con cinco soldados puse manos á la obra. Bien pronto el éxito demostró que no había proyectado ningún imposible, pues á los cuatro metros de profundidad se halló agua en abundancia y lo suficientemente potable para las necesidades de la vida. Nada teníamos que temer de la sed; pero el suelo era muy arenoso por abajo, la corriente subterránea muy fuerte y el hoyo se cegaba enseguida. Era necesario revestir las paredes y para ello deshicimos un poste de piedra que había en el corral; no bastando esto, encajamos media pipa de vino en el fondo. Mi compañero Alonso, con el resto de la fuerza disponible se ocupó mientras tanto

en terraplenar las puertas y ventanas, que no
pedía menos el buen armamento de que disponía el enemigo.

Al día siguiente, de mañana también, porque
no se acercaban sino protegidos por la noche,
recogimos á unos diez pasos de la iglesia una
segunda misiva, y por cierto que la dejaron de
una manera tan extraña que no pudo menos de
chocarnos graciosamente. Se hallaba metida en
la hendidura de una caña, ésta clavada por un
extremo en el suelo y por el otro cubierta con
una hoja de platanera, sin duda con objeto de
que la lluvia no humedeciera el contenido. Por lo
visto no querían darnos motivo para que pudiéramos calificar sus mensajes de *papeles mo-
jados.*

Aquella segunda carta reducíase á quejas por
incontestación de la primera, lo cual, decían, «no
era cumplir con el deber de caballeros;» luego
ampliaban lo ya participado en aquella sobre la
marcha victoriosa de la insurrección, asegurando que tenían dominadas la mayor parte de las
provincias de Luzón, y que la misma capital,
Manila, estaba sitiada por 22.000 tagalos, que
habían logrado cortar las aguas de su diario
abastecimiento y puéstola en el trance inminente de sucumbir á la sed ó capitular.

Esto seguramente lo decían por la situación á
que nos habían reducido cortando el canal, suponiendo limitada nuestra provisión de agua, y

angustiados, por tanto, con la inmediata priva-
ción de tan necesario elemento.

La respuesta de Las Morenas fué adecuada y
conciliadora. «Manila no se rendirá por la falta
del agua, les decía, mientras pueda utilizar la
del mar que tan abundante se le ofrece.» Seguía
aconsejándoles que no se hicieran ilusiones, que
dejaran las armas y que volvieran á la obedien-
cia que debían, que su comandante político-
militar los aguardaba con los brazos abiertos.
Finalizaba recomendando que no dejasen más
cartas en las cercanías de la iglesia, que para
enviarlas tocasen atención, y que, si respondía-
mos con la misma señal, enviasen á un parlamentario con el escrito, pero uno solo y con
bandera blanca. También les indicaba la forma
con que se les daría contestación: Nosotros iza-
ríamos otra bandera blanca, tocaríamos atención, y ellos podían comisionar un individuo
que viniese á tomar la respuesta. Se había decidido no enviarles ningún soldado para evitar
que los desertores pudiesen catequizarlo y
atraérselo.

Uno de aquellos miserables, Felipe Herrero
López, que había sido asistente mío, tuvo el ci-
nismo de presentarse á recoger esta contestación.
Salí yo mismo á dársela y traté con las mejores
palabras que pude hallar á mano, de que volviese al destacamento, pero, recogiendo el mensaje, no respondió una sola palabra y se volvió

corriendo á los suyos, campamento para él de infidelidad y de vergüenza.

El día 3 nos enviaron nueva carta con otro desertor, Félix García Torres, al que ya no quisimos recibir, diciéndole que hiciera saber al enemigo que si en lo sucesivo continuaba eligiendo emisarios de aquella clase, los recibiríamos á tiros. Supongo que lo harían por juzgarles más aptos para entenderse con nosotros, quizás porque su pérdida, si ocurría un percance, no les parecería estimable, por todos menos por injuriarnos, pero no podíamos admitirlos, su presencia con la misión y el consejo de que abatiésemos la enseña, la misma que sus labios traidores habían tocado, jurando morir defendiéndola, era un cobarde ultraje que de ninguua manera debíamos tolerar ni permitirnos.

Aquel mismo día, siendo imposible ya salir de la iglesia, por el constante fuego que nos hacían, fué necesario levantar algunas baldosas para construir un horno en el corral, pues no teníamos pan de repuesto cuando nos encerramos y hacía setenta y dos horas que se había concluído el último pedazo.

La obra con todas las deficencias que son de imaginar, pero útil desde luego para la cocción de tan precioso artículo, se dejó terminada por la tarde. Para facilitar el lavado de la poca ropa que todavía nos quedaba, gracias al honrado vecindario, que uo pudo llevársela

toda, partimos por mitad, aserrándola, otra pipa
de las del vino, como la enchufada en el pozo,
y tuvimos con ello dos hermosos barreños de
madera. Unas latas que habían tenido carne de
Australia servían de cubos para llenar este lava-
dero. Sólo nos faltaba material con que utilizarlo, pues algunos tenían que desnudarse ó poco
menos, si querían vestir de limpio.

En tanto que nosotros nada omitíamos para
continuar la resistencia, tampoco se descuidaba
el adversario. Reducidos al estrecho recinto de
aquella humilde iglesia, donde nunca pareció
como entonces tan remoto el culto divino, y
donde seguramente nunca fué Dios tan invocado
y reverenciado como en aquellos días tan amargos, tuvimos que presenciar uno y otro, sin
poder impedirlo, como iban alargándose las
trincheras del sitio, ciñéndonos y estrechándo-
nos, formando con sus enlaces algo muy parecido á la red que aperciben tan habilidosamente
las arañas, á fin de asegurarse contra los arranques y tentativas de su presa.

No podíamos neutralizar aquellos trabajos porque la superioridad numérica del enemigo era
mucha, y cualquier tentativa nos hubiera oca-
sionado bajas inútiles, un desastre material y
moral á que no debíamos arriesgarnos. Tampoco
ellos realizaban aquel aproche descubriéndose;
conocían seguramente los peligros de hacerlo y
se amparaban de las tinieblas de la noche. Ya

estábamos alerta para disparar hacia el ruido,
pero el que hacían las olas del mar próximo,
concurrían también á protegerles. Así pudieron
llegar con sus referidas trincheras como hasta
unos cincuenta pasos de nosotros por unos lados,
y hasta sólo veinte por otros, trazando una
especie de línea de contravalación irregular, pero
que de trecho en trecho se cubría y flanqueaba
con las casas más inmediatas á la iglesia. Enfi-
lando á ésta por donde les pareció más vulnera-
ble, terraplenaron algunas de aquellas viviendas,
transformándolas en verdaderas obras de campaña que los ponían bien al abrigo de nuestros
proyectiles y desde las cuales podían hostilizarnos á su sabor, merced á una especie de atrincheramiento aspillerado que sobre cada una
levantaron, perfectamente acondicionado y revestido.

Hasta el presente no he tenido más remedio
que mencionar la repetición de un delito, el más
infame y bajo que puede cometer un soldado, la
deserción. Contrastando ahora con semejantes
cobardías tócame referir un hecho de abnegación
y heroísmo digno de todo encomio, el realizado
por otro modestísimo individuo, Gregorio Cata
lán Valero. Es el primero de los que fué testigo
aquel sitio y es igualmente de los que merecen
ser primeros.

Faltaba poco ya para cerrar completamente
aquel cinturón de trincheras y vimos que para

broche ó término las dirigían al cuartel de la
Guardia civil, situado á menos de 15 pasos de la
iglesia, frente á la esquina de la parte nordeste.
Desde allí era indudable que podían hacernos
mucho daño, tanto por la cercanía y condiciones
del edificio, como por el dominio que hubiera
podido facilitar contra nosotros. Era preciso evi-
tarlo á todo trance, y así lo hizo Gregorio con
una serenidad y un arrojo verdaderamente admirables. Salió y bajo un fuego nutridísimo
incendió, no solamente dicho cuartel, sino que
también las escuelas, pero con tal habilidad
y reposo que las tres construcciones quedaron
arrasadas completamente, muy á despecho de
aquella nube de insurrectos que, aún siendo tantos, no se atrevieron á desafiar nuestro plomo,
saliendo á pecho descubierto para impedir la
realización de aquella empresa. Gregorio Catalán debe de vivir todavía (1). Si leyere estas
páginas reciba con ellas la modestísima recompensa con que yo puedo enaltecerle.

Y como nuestro soldado sólo necesita el ejemplo, la iniciativa, para llegar adónde se quiera
conducirle, pocos días después otro muchacho,
Manuel Navarro León, víctima luego de la epidemia que sufrimos, logró dar fuego á otra casa

---

(1) Posteriormente ha llegado á mí noticia que ha
fallecido en la mayor estrechez, víctima de los padecimientos adquiridos en esta defensa.

cercana, desde la que nos tiroteaban el esqui-
nazo sudoeste.

Estos rasgos de tenacidad, unidos á la constante vigilancia que demostrábamos para utilizar
cualquier descuido, no permitiéndoles descu-
brirse impunemente, y la pesadez abrumadora
de la espera, tenían por fuerza que impacientar
al enemigo, y con efecto; no pasó mucho tiempo
sin que notáramos que se apercibían al asalto.
Sobre la marcha, hicimos también los preparativos del caso, terraplenando las puertas hasta
la mitad de su altura y cubriendo la otra mitad
con líos de mantas ó cajones de tierra; las ventanas quedaron igualmente obstruídas, para que
no pudiera entrar nadie por ellas, y aspilleradas;
sólo dejamos, para salir cuando se ofreciere alguna cosa, un pequeño agujero en la puerta
lateral que daba entrada por el este. Con tal
clausura sólo podía franquear nuestro asilo una
INTRUSA temible que por esta misma razón iba
teniendo á cada instante más llano y facilitado
su camino, la muerte.

El día 8 de Julio nos envió una carta el cabecilla Cirilo Gómez Ortiz pidiendo la suspensión
de hostilidades, á fin de que la gente descansase
de los combates sostenidos. El hombre quiso
hecharlas de generoso; y diciendo que por los
desertores había tenido noticias de la escasez
que padecíamos en cuestión de alimentos, nos
ofrecía lo que necesitásemos, proponiendo que

mandásemos por ello á individuos sin armas.
En arras de la oferta nos incluía una cajetilla de
cigarrillos; para el capitán y un pitillo para
cada uno de la tropa. Se acordó la suspensión,
que nadie necesitaba tanto como nosotros, hasta
el anochecer, hora en que se le anunció que rom-
períamos el fuego; dímosle gracias por su atención y ofrecimiento, diciéndole que teníamos de
sobra toda clase de víveres y en justa corres-
pondencia del obsequio le remitimos una botella
de Jerez, para que brindase á nuestra salud, y
un puñado de medias regalías. A la hora señala-
da volvimos á reanudar las hostilidades, que ya
no volvieron á interrumpirse durante todo el
sitio.

Aquella gente no perdonaba medio ni recurso que pudiera contribuir á rendirnos.

Viendo que las noticias de sus victorias por
la isla no daban resultado, pretendió intimidarnos con la red de trincheras que nos había cir-
cundado; apeló después, como ya dejo referido,
á la oferta obsequiosa, y, no consiguiendo nada
tampoco, se propuso alarmarnos con teatrales
aparatos de cornetas que iban repitiendo y contestaban sus toques de distancia en distancia,
cual si de un contingente numerosísimo se tratara, extratagema ya registrada en la historia
militar de más de una campaña, y que no produjo su objeto; unieron á esto las amenazas más
tremendas, y, doloroso es decirlo, el villano

descaro de una porción de traidores, procedentes
de nuestro ejército, que no cesaban de gritar
que teníamos engañado al destacamento, que
íbamos á causar miserablemente su ruina, que
estábamos perdidos, y así por el estilo; voceando
también á los individuos que se fueran con ellos
y que se dejaran de tonterías, que allí tenían
que perecer tristemente y que dejándonos, que
nos defendiésemos los oficiales si queríamos,
salvarían sus vidas, serían bien tratados y harían cuanto les diera la real gana, por el campo
enemigo. Contra este tiroteo de palabras que
no dejaba naturalmente de inquietarnos, eran
del todo inútiles revestimientos y aspilleras, no
había más que la vigilancia y el desvelo.

El 18 resultó herido grave un soldado, Julián
Galvete Iturmendi, que murió el 31 á consecuencia de la herida. Los cristianos deberes que
fué preciso tributar al cadáver, hicieron utilizar
aquel recinto para un triste destino más, el de
cementerio. Dicho día 18 recibimos también
una carta para el comandante político-militar y
Fr. Gómez Carreño. La suscribía un colega de
aquel párroco, Fr. Leoncio Gómez Platero, y
nos aconsejaba la rendición, excitándonos á que
diésemos el armamento al cabecilla Calixto Villacorta y aceptásemos gustosos el Katipunán,
añadiendo que seríamos tratados con toda especie de consideraciones y embarcados inmediatamente para España, como ya se había hecho

con los demás destacamentos, casi todos los cuales habían capitulado sin combate. La carta era
expresiva, con cierta elocuencia de la que usan
los confesores in-extremis. No se le contestó.

Pero no se pudo hacer lo mismo con la intimación apremiante que al día siguiente, 19 de
Julio, recibimos del mencionado Villacorta:

«Acabo de llegar — nos decía — con las tres
columnas de mi mando, y enterado de la inútil
resistencia que vienen ustedes haciendo, les parti-
cipo que si deponen las armas, entregándolas
en el término de veinticuatro horas, respetaré
sus vidas é intereses, tratándoles con toda consideración. De lo contrario se las haré entregar
á la fuerza, sin tener entonces compasión de
nadie y haciendo á los oficiales responsables de
todas aquellas desgracias que puedan ocurrir.—
Dado en mi cuartel general á 19 de Julio de
1898. — *Calixto Villacorta.*

A la mañana siguiente se le contestó en esta
forma:

«A las doce del día de hoy termina el plazo de
su amenaza; los oficiales no podemos ser responsables de las desgracias que ocurran, nos concre-
tamos á cumplir con nuestro deber, y tenga usted
entendido que si se apodera de la iglesia, será
cuando no encuentre en ella más que cadáveres,
siendo preferible la muerte á la deshonra.»

Y era mucha verdad que preferíamos la
muerte.

IV

DEL 20 DE JULIO AL 30 DE SEPTIEMBRE

Arrecia el fuego. — Artillería de la defensa. — Siguen
las intimaciones. — Artillería del sitio. — Un desertor
más. — Tentativa de asalto. — Religiosos parlamentarios. — Castigo providencial. — Aumentan las bajas. —
El Beri-beri. — Muerte de Fray Carreño. — Heroísmo
de Rovira. — Carta de Dupuy de Lome. — Más pruebas
del desastre. — No puede ser.

Tiroteo constante del enemigo, unas veces
furiosamente generalizado y nutrido, como
si cediendo á un paroxismo de coraje tratase,
repentino, de aniquilarnos y barrernos, otros
lento y calmoso, cual si no deseare más que
recordarnos la situación á que nos veíamos llegados; aumento de bajas y aparición de una enfermedad cuyos indicios eran de un amago imponente; angustia enojosa de intimaciones y
apercibimientos y consejos; la traición, que no
duerme, y la desdicha desconsoladora de la Patria que se va dibujando y manifestando á nuestros ojos, como único porvenir que nos alienta,

forman el cuadro, por decirlo así, de los setenta y dos días de sitio, en que voy á ocuparme.

A las doce de la mañana del 20 cumplía el plazo que nos fijara Villacorta, y á esta misma hora se rompió en todo el circuito un fuego desesperado, violentísimo, que duró hasta la mañana siguiente.

Habíamos acordado no contestar, así por economía de cartuchos como para excitar el asalto; pero viendo nuestro continuado silencio, en vez de aquellas *columnas de su mando*, el tal caudillo nos remitió nuevo mensaje, diciendo que no volvería inútilmente á gastar más pólvora, y que no levantaba el sitio aún cuando hubiese de prolongarlo tres años. «Yo — decía — no dejo á Baler sin hacerles capitular.» Conviene observar qué mientras leíamos su propósito de no gastar más pólvora en balde, continuaba sin disminuir el tiroteo.

Por nuestra parte, aunque persistiendo en la economía de municiones, tratamos de hacer algo que acompañase lucidamente aquel estruendo. Había en la iglesia, ignoro desde cuando ni porque serie de circunstancias, algunos cañones antiguos; no tenían restos de afuste ni sombra de accesorios, pero nos ocurrió un extraño procedimiento, y, ya que no la pólvora, bien se puede afirmar que inventemos un artillado.

Deshicimos para ello algunos cohetes y cartuchos de Remigthon y rifle, reunimos el explo-

sivo que tenían y eligiendo uno de los cañones
más pequeños, comenzamos el fuego, cargando
el arma de balas hasta la misma boca, y sobre
una cantidad más que suficiente de pólvora;
llevándola en esta disposición, y á brazo, hasta
una de las aspilleras que habíamos abierto en el
zócalo del antiguo convento (corral entonces),
apoyábamos en ésta su boca y por el cascabel,
valiéndonos de una soga muy fuerte, la sujetá-
bamos del otro lado á una de las vigas soleras
que habíamos dejado en su sitio. Aquella suspensión nos permitía en cierto modo inclinar
más ó menos el plano de tiro, y, por lo tanto, no
separarnos mucho de la deseada puntería.

Colocada la pieza en esta forma y luego de
bien cebado el oído, se cogía una caña de las
más largas que teníamos, poníamos una mecha
en el extremo, la encendíamos cuidadosamente,
y separándonos todo lo más distantes que podíamos, allá iban el extrago y la sorpresa y el
estrépito y... allí nos quedábamos con el formidable golpetazo de ariete, porque tanto era el
retroceso de la pieza que, saliéndose como un
proyectil de la aspillera, daba contra la pared
opuesta, que distaba ocho pasos, y hacía extre-
mecer los cimientos. «Tirar, tirar, nos gritaban
los insurrectos, que ya vendrán nuestros cañones.»

En la serie de parlamentos, que no se inte-
rrumpían muchos días, toca mencionar ahora

el que nos trajeron dos españoles. Uno de éstos, el comisionado, fué conocido enseguida por algunos soldados que habían pertenecido al destacamento de Mota. «Ese, nos dijeron, era cabo de la Guardia civil veterana y mandaba el puesto de Carranglán; le vimos cuando pasamos por allí en Septiembre para venir á Baler.» El asistente de mi compañero Alonso, Jaime Caldentey, añadió ser paisano suyo, de Mallorca, y amigo. Con él venía otro muy alto, á quien llamaban el *abanderado;* compañía que debía de tener por objeto vigilarle, para evitar indiscreciones, porque no inspirase la suficiente confianza.

Suponiéndolo así ordenó Alonso á Jaime que, hablando en mallorquín, le invitase á reunirse con nosotros, diciéndole que disponíamos de muchos recursos y medios de defensa. Obedeció el asistente, pero el otro negándose á utilizar el dialecto, con voz alta y muy clara, respondió que tenía padres, hermanos y mucho cariño á su país, que no quería perder la esperanza de verlos y que tenía por muy seguro que si persistíamos en la defensa moriríamos todos, porque se habían rendido ya todas las fuerzas peninsulares, no podíamos ser auxiliados, y estábamos perdidos.

Al oir tales frases no pude contenerme y le dije violentamente: «Quien está perdido eres tú y ya te estás largando inmediatamente de aquí.» Quizás debí callarme; pero dejo á la consideración de cualquiera, si era ó no para indignar aquella respuesta, aunque no fuese más que por la resonancia que pudiera encontrar en los oídos del soldado.

El día 31 volvió á escribirnos Villacorta, con el aviso de que si para el siguiente, 1.º de Agosto, no capitulábamos, rompería el fuego de cañón y echaría por el suelo nuestro refugio, sin compadecerse de nadie. Habían por lo visto recibido algunas piezas, pero éstas luego vimos que debían de ser por el estilo de las que teníamos nosotros (1). No hay que decir, sin embargo, el embate que pudieron hacer contra los muros de la iglesia. Pudiendo este dato servir de comentario á los que han afirmado, hablando seguramente de memoria, que la iglesia de Baler no tuvo que rechazar ataques serios.

Lo dijo y lo hizo; no bien llegaron las doce de aquella misma noche, cuando por tres lados á un tiempo, sur, este y oeste, comenzó el cañoneo, aunque afortunadamente sin otros daños que los destrozos ocasionados en las puertas y la techumbre. Aquellas no haciéndose astillas por milagro; dejando ir por el aire los líos de mantas conque las habíamos reforzado, y abriendo paso á las balas y la metralla, que de todo arrojaban contra ellas; y la otra dejándonos poco menos que á la intemperie.

_____

(1) Hasta mucho después no recibieron la pieza moderna, cuya fotografía se acompaña.

El día 3 de Agosto tuvimos que lamentar una deserción más, la del tal asistente Jaime, que se marchó con el armamento, municiones y correaje. La efectuó cuando estaba de centinela en la ventana de la derecha del altar, de donde se arrojó, y fué atribuída, por lo reciente del suceso, á una reprensión del teniente que le había encontrado jugando á la baraja. Pudo ser por aquello, pero bien pudo igualmente ser ideada, *y tal vez anunciada* cuando la conversación en mallorquín.

Esta ocurrencia estuvo á punto de motivar una catástrofe. Alonso tenía el recelo de que los enemigos podían quemar fácilmente la iglesia por la parte norte, donde no había más centinela que uno, colocado encima de la pared, y no se cuidaba de reservar aquella idea que, preocupándole mucho, y no sin fundamento, era tema frecuente de conversación entre nosotros. Su traidor asistente no se olvidó por lo visto de comunicar á quien podía utilizar el aviso y pronto vimos los naturales resultados, pues á los cuatro días, el 7 por la noche, trataron de sorprendernos, asaltando aquella pared con todos los aprestos necesarios para incendiar el edificio.

Con este objeto arreciaron el tiroteo contra dicho costado norte y arrimando sigilosamente una escala trataron de ganar la pared, que hubiera sido la iniciación de nuestra ruina. Afortunadamente colocaron la escala junto al mismo lugar donde se hallaba el centinela; corrió la voz de alarma y acudiendo al peligro tuvimos que sostener vivo combate porque los asaltantes dieron ejemplo de una tenacidad inesperada en ellos. Como su obstinación era mucha y el empeño daba señales de prolongarse más de lo conveniente, dada la superioridad enemiga, nos ocurrió aparentar una salida. Mandóse para ello al corneta que tocase vigorosamente paso de ataque; gritó el teniente Alonso, dominando el estrépito ¡Al bahay de Hernández! (una de las casas atrincheradas), y rompiendo enseguida un fuego nutridísimo, logramos intimidar á los rebeldes, que precipitaron la fuga en tal extremo, que algunos se arrojaron desde lo alto de la escalera tan pronto como escucharon la corneta, abandonando aquella y dejando por allí los trapos y el petróleo de que se habían provisto para el incendio.

Rechazado el asalto, continuó el fuego, de fusil y cañón, desde las trincheras enemigas. Como no podíamos salir de la iglesia y nos habían dejado la escalera, no pudiendo hacer otra cosa, la sujetamos fuertemente á una viga del techo, á fin de que no pudiesen ni utilizarla ni llevársela.

El día 15, Asunción de Nuestra Señora, tuvimos herido al soldado Pedro Planas Basagañas, y el día 20 nos pidió Villacorta parlamento, enviándonos al párroco de Casigurán, Fr. Juan

López Guillén, seguido á los pocos momentos por otro cura de la misma parroquia, Fr. Félix Minaya.

Ambos hicieron cuanto les fué posible para inclinarnos á la rendición, sin añadir nuevos argumentos á los que tan oídos teníamos, pero esforzándolos con el más imponente colorido que pudo suministrarles su elocuencia. Nada lograron, y Las Morenas dispuso que se quedaran con nosotros. Ignoro los motivos que pudieron aconsejar esta resolución, pero aunque sigo ignorándolos, supongo que no debieron de ser caprichosos, porque no estábamos para el aumento de bocas inútiles, con la escasez de subsistencias que teníamos. Estos dos religiosos permanecieron allí hasta la capitulación; y terminada ésta, los tagalos dijeron que los necesitaban para el culto, quedándose con ellos muy satisfechos los unos y los otros.

Una grata noticia, si es que puede ser grato el castigo del criminal, llegó á nosotros por aquellos sacerdotes. Jaime Caldentey, cuyas revelaciones debieron de incitar al asalto que tan á punto estuvo de finalizar la defensa, había sido muerto, y lo había sido precisamente al demostrar su animosidad contra nosotros. Al día siguiente de su pase al enemigo quiso dispararnos un cañonazo y al intentar hacerlo cayó atravesado por uno de nuestros proyectiles. En la serie de los acontecimientos humanos hay

. muchas veces coincidencias tan extrañas que aún al menos creyente, al más excéptico, hacen pensar en los fallos supremos de una justicia inexorable, la justicia de la Divina Providencia.

Desde el 20 de Agosto hasta el 25 de Septiembre no hubo que registrar ningún acontecimiento extraordinario. Continuó el fuego y tuvimos que lamentar algunos heridos, pero ninguno de gravedad (1). En este último día, la *intrusa* de que hablé anteriormente, aquella de quien dije que tanto más le franqueábamos la entrada cuanto más pretendíamos impedir todas las de la iglesia, hizo notar, con la primera de sus víctimas, lo inevitable de su aparición entre nosotros.

Las fatigas del sitio unido á la escasez y mala condición de los alimentos que teníamos; aquella inquietud persistente de todas las horas y aquel aire viciado por la falta de ventilación y las pésimas condiciones higiénicas á que nos veíamos reducidos; el constante fogueo y lo insuficiente de la policía y la limpieza, tenían que producir, bajo aquel cielo abrasador y aquellos vientos húmedos, la epidemia fatal, contra la que no teníamos defensa.

Y desgraciadamente, la que se inició era te-

(1) El día 22 los soldados José Sánz Miramendi y Francisco Real Yuste. El 13 de Septiembre Juan Chamizo Lucas y el 16 Ramón Mir Brils, con algún otro cuyo nombre no recuerdo.

rrible, no sólo por su término, sino por el avance con que, por decirlo así, va devorando y aniquilando al individuo. Se llama el *beri-beri*.

Comienza su invasión por las extremidades inferiores, que hincha ó inutiliza, cubriéndolas con tumefacciones asquerosas, precedida por una debilidad extraordinaria y un temblor convulsivo, va subiendo y subiendo como el cieno sobre los cuerpos sumergidos; y cuando alcanza su desarrollo á ciertos órganos produce la muerte con aterradores sufrimientos.

El antiguo párroco de Baler, Fr. Cándido Gómez Carreño, fué su primera víctima, que falleció el 25 de Septiembre, 77 del sitio y primero que tuvimos noticia de la capitulación de Manila, que tomamos por invención del enemigo.

Cuando agonizaba Carreño, tocaron á parlamento y se presentó un tal Pedro Aragón, vecino de Baler y conocido por el «marido de la Cenaida», pidiendo hablar al padre. Nos refirió que se hallaba preso en la capital por complicado en lo del destacamento de Mota, pero que le habían puesto en libertad á la rendición de la plaza y que traía el encargo de contárselo al párroco, además de otras novedades importantes, para ver si nos convencía y nos rendíamos. Se le contestó que Fr. Cándido estaba enfermo y que no podía recibirle, pero que se aguardase y que hablaría con el padre Juan López; dijo que bueno y esperó un corto espacio, en el que habiendo comenzado á llover y no saliendo el sacerdote, receló aquel hombre que le tendiéramos un lazo y se marchó corriendo sin atender á nuestras voces.

El 30 de Septiembre mató la disentería otro soldado, Francisco Rovira Mompó, digno de mejor suerte por su arrojo y sus condiciones de carácter. Este valiente se hallaba enfermo de gravedad, con las piernas inútiles, porque padecía también del beri-beri, cuando en una ocasión se hizo tan recio el fogueo del enemigo, que todos creimos en la inminencia de un asalto; pretendió levantarse; no pudo sostenerse, y arrastrándose fué á colocarse junto al agujero de la puerta; allí armó su fusil con el cuchillo y, tendido en el suelo, casi expirante, aguardó que se presentara el adversario.

Repetíanse á todo esto las pruebas del infortunio de la Patria. El mismo día 30 recibimos una carta del gobernador civil de Nueva Ecija, señor Dupuy de Lome. Nos participaba en ella la pérdida de Filipinas, y el mismo comandante político-militar, que dijo conocerle, no pudo menos de manifestar que si en circunstancias normales hubiera recibido aquel mensaje pidiéndole dinero, lo hubiese dado sin titubear un sólo instante, porque la letra, que también aseguró conocer, parecía la verdadera. Siguieron á esta carta las actas de capitulación del comandante D. Juan Génova Iturbe; del capitán D. Federico

Ramiro de Toledo, y de otros que no recuerdo. Luego fueron sucesivamente participándonos que se había rendido el comandante Ceballos, destacado en Dagupán, y entregado 750 fusiles; que el general Augustí había capitulado en Manila porque su señora estaba prisionera de los tagalos, y otra porción de noticias por el estilo. Cerró la serie aquella, otra carta del cura de Palanán, Fr. Mariano Gil Atienza, resumiendo y confirmándolo todo, diciéndonos que se había perdido el Archipiélago; que ya no tenía razón de ser nuestra defensa y que depusiéramos inmediatamente las armas, sin temor ni recelo, porque nos tratarían con todo linaje de atenciones.

Preciso es confesar que tanto y tan diverso testimonio era más que sobrado para convencer de la realidad á cualesquiera; mas conocíamos el empeño, la cuestión de amor propio que tenían los enemigos en rendirnos, y esta idea nos mantenía en la creencia de que todo aquello era supuesto y falsificado y convenido. Por esto cuando nos participaron que tenían con ellos á varios de los que habían capitulado, les contestamos que nos los llevasen para verlos (1) y por esto no dimos crédito ni á la evidencia de la carta del gobernador de Nueva Ecija, ni á las

_____

(1)   A lo que se negaron, diciendo que: «si era para encerrarlos con nosotros, como habíamos hecho con los frailes.»

actas ni á nada. Por otra parte, no cabía en la cabeza la ruina tan grande que nos decían; no podíamos concebir que se pudiera perder con tanta facilidad aquel dominio; no nos era posible ni aún admitir la probabilidad de una caída tan rápida y tan estruendosa como aquella.

V

1.º DE OCTUBRE AL 22 DE NOVIEMBRE

Heridos. — Muere mi compañero Alonso. — Tomo el mando del destacamento. — Medidas higiénicas. — En brazos á prestar servicio. — Rondas nocturnas. — Nuevas intimaciones. — Bajas. — Zapatos de madera. — Cambio de papeles. — Muerte del capitán D. Enrique Las Morenas. — Balance y situación.

TRISTEMENTE comenzaba para nosotros aquel otoño de 1898. La Naturaleza, que por aquellos países ofrece siempre una lozanía vigorosa, podía no presentarse á nuestra vista con los tonos amarillentos, precursores de las melancolías de Noviembre; ni una sola hoja se desprendería de los árboles, como no fuese arrebatada por el tiroteo que cruzábamos, nutrido á veces, lento y cansado en otras, pero siempre incesante; ni un sólo pájaro de los que anuncian la emigración de los inviernos era de ver aleteando por el cielo; pero allí, entre nosotros, coincidiendo, bien que más lúgubre, con la decadencia de otros climas, se iniciaba un desmoche verdaderamente aflictivo: una palidez cadavérica, consecuencia de las fatigas y del hambre, iba marcando á todos cual hojas próximas á un desprendimiento seguro, que había pronto de necesitar la sepultura; un frío inexplicable solía en ocasiones pasar como entumeciéndonos á todos, y en el gesto, en el habla, en la mirada, se iba notando como escapaban fugitivas las pocas aves de la esperanza que alentábamos.

El 9 de Octubre resultó herido el cabo José Olivares Conejero, y el día 10 murieron de la epidemia el beri-beri, su colega y tocayo el cabo José Chaves Martín y el soldado Ramón Donat Pastor, que pasaron á mejor vida santificados por el sufrimiento de los mártires.

El 13 resultaron heridos también, el médico Sr. Vigil, gravemente, y leves, yo, con el soldado Ramón Mir Brils, que por segunda vez alcanzaba este sacrificio por la patria, pero el día 18 fué aún más aciago y doloroso para todos.

El segundo teniente, comandante del destacamento, D. Juan Alonso Zayas, sucumbió á la epidemia, que ya tuvo con este inolvidable compañero la cuarta de sus víctimas. Era un excelente soldado, fundido en el tropel de los héroes buen camarada, y su pérdida nos impresionó amargamente.

Con este motivo me correspondió hacerme cargo del mando de la fuerza (1). Mucho cuidado

_____

(1) Mando que conservé hasta el 1.º de Septiembre de 1899 que desembarcamos en Barcelona.

requería el enemigo, siempre atento al descuido; pero el tal beri-beri había logrado tan alarmante desarrollo, que no llegábamos á media docena los indemnes. Era menester combatirle, y hacerlo sin demora, con la urgencia de lo que supone cuestión de vida ó muerte, la extrema energía que suele alcanzar hasta los prodigios del milagro. Acudí, por lo tanto, y desde luego, al saneamiento de la iglesia.

Hacía falta ventilación principalmente, aire que barriese lo infecto, depositado en las capas inferiores de aquel ambiente poco menos que irrespirable, corrompido por tantas emanaciones perniciosas, y era necesario buscarlo sin perjuicio de la seguridad ni la defensa. Para ello hice despejar, quitando el terraplén, la puerta sur, tras de la cual, y como á un medio metro, formando callejón, pusimos tres cuarterolas de las que habían tenido vino, encima un tablón para que sirviera de apoyo, y encima una buena fila de cajones, llenos de tierra como las dichas cuarterolas. Sobre aquéllos, y hasta cubrir todo el hueco, pusimos líos de mantas sólidamente apuntalados. Un par de agujeros abiertos en la puerta, casi tocando al suelo, y correspondiendo á los claros que al efecto dejamos entre cuarterola y cuarterola, permitían la ventilación por abajo; y otros, abiertos á regular altura, debían prestar el mismo servicio por la parte de arriba con el no menos importante de aspilleras.

Había que ir procurando alejar el depósito de ciertas inmundicias, cuya descomposición tenía que ser peligrosa, y por de pronto, hice taladrar en la tapia del corral un pequeño boquete donde se arregló un urinario que vertía la secreción al exterior.

No era mucho todo. esto, pero sí de necesidad apremiante, porque á tal extremidad habíamos llegado, que para cubrir el servicio teníamos que utilizar á los enfermos de la misma epidemia, y como ninguno podía sostenerse de pie, llevarlos en brazos hasta sus respectivas centinelas. Allí se les colocaba en una silla, ó cosa parecida, y se les dejaba seis horas, para economizar los relevos, que se hacían de igual manera, llevándoles, uno á uno, desde cada sitio á la cama. Se han pasado los años y con ellos ha vuelto á rodearme la normalidad en la vida, el esfuerzo proporcionado á las condiciones humanas, que parecen tan limitadas, y debo confesarlo, yo mismo que un día y otro fuí testigo y actor y estimulador de tanto esfuerzo, dudo más de una vez si se trata de un sueño de caballerescas fantasías ó de una realidad positiva, ¡seis largas horas con el fusil apercibido, las piernas inútiles, el sufrimiento vivo, creciente, y... aquellos hombres se manifestaban satisfechos!

Mientras pudo el teniente Alonso, alternábamos la vigilancia de las noches, quedando él una, con el comandante político-militar, y yo la

otra, con el médico Sr. Vigil, que á todo se pres-
taba y á todas partes acudía voluntario, dando
ejemplo de abnegación y resistencia; pero cuando
falleció el compañero y ví que Las Morenas tenía
que ceder á la postración que le aquejaba, su-
primí este servicio y establecí el siguiente, mucho más práctico y de mejores resultados.

Uno de los tres, Las Morenas Vigil ó yo,
permanecíamos alerta, sustituyéndonos cuando
buenamente podíamos, que no era siempre que
necesitábamos del sueño, porque si el primero
estaba muy enfermo, el segundo padecía una
herida grave. El cabo de cuarto, alternando con
los soldados vigilantes, recorrían los centinelas
cada cinco minutos, ó mejor dicho en turno
sucesivo, uno tras otro, cuando regresaba el
anterior, y como los centinelas se hallaban casi
todos apostados en alto y no era conveniente
denunciar su presencia, iban nombrándolos, en
voz muy baja, por el sitio de cada uno: así, al
que estaba encima de la pared y detrás del altar
se le decía «altar»: al de su dererecha «derecha»,
etcétera, ellos contestaban tosiendo ligeramente
é inclinándose para no ser oídos desde fuera y
evitar que se descubriera su situación, dando
con ello á conocer las partes débiles, propias
para el asalto. Era necesario evitar asimismo que
acercándose cautelosamente pudieran saber desde lo exterior quién vigilaba y dónde, lo que
hubiera sido muy fácil de no guardarse todas

6

aquellas precauciones, por la sensible razón de
que los desertores nos conocían por la voz. Mirando esto se imponía toda la noche un silencio
verdaderamente sepulcral y una obscuridad absoluta: parecía una escena de sombras, no interrumpida más que por el movimiento del que
daba la vuelta de ronda, sus calladas preguntas
y los vagidos que le servían de respuesta.

Es de tener en cuenta que uno de los recelos
que más nos inquietaban era el trabajo de seduc-
ción que por todos los medios trataban de laborar los enemigos. Ya noté á su debido tiempo
los gritos y reclamos con que trataban de lle-
varse á los nuestros, que después de todo eran
hombres y como tales con sus momentos de fla-
queza. Había, pues, que prevenir toda comunicación reservada que pudiesen buscar los enemigos y esta era otra de las poderosas razones que
nos inducían á tan extremada vigilancia. Por
aquellos días precisamente dieron en pregonar
los desertores que Villacorta había nombrado
secretario suyo á nuestro cabo de sanitarios, y
hecho capitán, nada menos, á mi antiguo asistente, Felipe Herrero López. Todo ello podía ser
verdad ó mentira, pero aunque tenía más apariencias de lo último era muy peligroso que lle-
gara á nuestros soldados por la pendiente de la
confidencia solitaria.

No pasó mucho tiempo sin que volvieran los
insurrectos á escribirnos haciendo mucho hin-

capié en lo del término de nuestro dominio en
Filipinas, y procurando atraernos con la pro-
mesa de que nos embarcarían seguidamente
para España. Les contestamos que según las
leyes y usos de la guerra, en casos como el que
nos decían, solía darse á los vencidos un plazo
de seis meses para la evacuación del territorio;
que tuviesen paciencia, puesto que, por lo visto,
se nos dejaba para concentrarnos de los últimos,
sabiendo el Capitán general, como debía seguramente de saber, *los muchos víveres, municiones y
pertrechos* que teníamos disponibles. A esto nos
respondieron que no esperásemos ninguna con-
centración por nuestos jefes porque no la orde-
narían jamás, toda vez que desde la ruptura de
hostilidades con los americanos, no habían vuelto á cuidarse de los destacamentos, y que, por
consecuencia, no teníamos otro remedio para
salvarnos que la capitulación inmediata. Bien
era de temer que así fuese, pero les contestamos
lo que debíamos contestarles, que *ningún Ejército,
cuando abandona un territorio, puede olvidar las
fuerzas que tiene comprometidas en campaña.*

Dos bajas más del beri-beri, una ocurrida el
22 con la muerte del soldado José Lafarga, y
otra el 25 con la de Román López Lozano, com-
pletaron las de aquel mes de Octubre, tan amargo para nosotros. A ellas hubo que añadir la de
un herido grave, el soldado Miguel Pérez Leal,
á quien alcanzó el plomo enemigo el día 23.

A todo esto la fuerza se había quedado sin zapatos. Si algunos individuos, muy pocos, no habían llegado al extremo de ir con los pies desnudos, cubríanlos únicamente con andrajos, restos de suela cosidos y recosidos ténazmente, que si de algo podían servirles, no era de seguro para lo que suele aprovechar el calzado, sino para evidenciar su miseria. Llegando á suponer que tal vez esto pudiera contribuir á la epidemia, por lo húmedo del piso, idearon la confección de unas abarcas, no muy vistosas, pero de pronto arreglo y de suficiente resistencia. Componíanse de un pedazo de madera sujeto al pie lo mejor que se podía con bramantes ó cuerdas; no eran muy cómodas pero evitaban todo contacto con el suelo.

Y llegó al fin Noviembre, mes de todos los santos, consagrado á los muertos por su fiesta inicial y sus tristezas, y que á los muertos casi exclusivamente hubimos de consagrar también nosotros. Sólo en su primera quincena fallecieron cuatro soldados más del beri-beri; en la segunda tuvimos que lamentar otra pérdida muy dolorosa, que dejó entre mis manos, por obligación y derecho, lo que ya estaba en ellas hacía días, por necesidad y desgracia.

El 8 comenzó el fúnebre desfile por el soldado Juan Fuentes Damián (1), seguido al otro día

(1) Este mismo día resultó herido el soldado Ramón Ripollés Cardona.

por sus compañeros Baldomero Larrode Para-
cuellos y Manuel Navarro León; tras ellos, el día
14, se marchó Pedro Izquierdo y Arnáiz, pasando todos por unas agonías horribles; no teniendo más consuelo que morir todos bajo la bandera
española, sucia y hecha girones, pero flameando al viento en el campanario de la iglesia. Ninguno bajó á tierra con el amparo de los funera-
les eclesiásticos, pero á ninguno faltaron los
méritos del sufrimiento. Nadie se vistió allí de
negro por ellos, ni el templo ni los hombres;
pero aún aflije mi ánimo aquel supremo luto que
se fué respirando, por decirlo así, más abruma-
dor cada vez, en las ceremonias sin ceremonia
del entierro.

Agrandaba esta dolorosa impresión, aparte
de sus naturales tristezas, el concepto inevitable
de que allí, en aquellas mismas sepulturas donde
íbamos echando los restos mortales de nuestros
compañeros, no era difícil que nos reuniéramos
con ellos, unos tras otros, en asamblea muy cercana. ¡Tal estábamos todos!

Con el mes que avanzaba, los padecimientos
del señor Las Morenas, exacerbados primeramente por las circunstancias que sufríamos,
llegaron á tomar una gravedad alarmante, con
la presencia y complicación del beri-beri.

Seguía empero autorizando con su firma las
respuestas que dábamos á los mensajes ó intimaciones del asedio. «Esto me distrae», nos de-

cía, y, acatando su parecer, seguíamos recibiendo, leyendo y contestando aquellas intimaciones ó mensajes, cuya inconveniencia, dados nuestros propósitos de no rendirnos, era cada vez más visible, por el mal efecto que producían en la tropa y lo que no podían menos de traslucir referente á la situación que atravesábamos.

Todas las precauciones eran pocas para evitar esto último y nos iba mucho en hacerlo. Ya se había tomado el acuerdo, á fin de ocultar nuestra vergonzosa indumentaria, de no salir á la trinchera, para recibir pliegos ó dar contestaciones, sino vestidos con lo mejorcito que teníamos. El hambre lo denunciaban nuestros cuerpos, mas no era evidente, porque la demacración podía ser causada por la estrechez en que vivíamos. Las bajas no podían saberlas, aunque sí presumirlas, pero había distancia entre lo primero y lo segundo.

Estimándolo así, cuando la muerte del capitán fué irremediable y próxima, cuando advertí que ya no podría escribir en lo sucecivo y que la sustitución de su nombre quizás trajera graves contigencias; queriendo por otra parte no dar á conocer mi firma, por si acaso imitándola, propalaban que nos habíamos rendido (1), traté de

(1) Y no iba descaminado. Luego he sabido que por Diciembre de 1898 se preparaba una expedición en Manila, con el fin de auxiliarnos. Ya estaba dispuesta para

buscar un pretexto que sirviera como de punto final á toda suerte de parlamentos y misivas.

No tuvo más objeto, la que á dicho propósito les dirigimos el 20 de Noviembre, última que firmó el ya poco menos que agonizante capitán. Echando en ella el resto de generosidad y clemencia, é imitando en cierto modo una vulgar escena de la farsa italiana, les ofrecíamos amnistía completa de la rebelión y los atropellos cometidos. «Para demostrarles — decíamos — una vez más los filantrópicos sentimientos de los españoles, si deponen su actitud y nos rinden las armas, todo quedará en el olvido, pudiendo volver desde luego sus moradores al poblado.»

marchar, cuando la presentación del cabo de Sanidad Militar Alfonso Sus Fojas, detuvo la salida.

Este desertor miserable tuvo el descaro de ir á reclamar sus alcances, asegurando que habíamos capitulado hacía mucho tiempo, citando el punto adónde nos habían conducido, el socorro que diariamente nos daban y otros muchos detalles que acreditaban su inventiva. No dijo, como es natural, que se había pasado al enemigo, abandonándonos, el 28 de Junio, con el sanitario á sus órdenes, é ignoro como justificaría su libertad, pero ello fué que se le dió crédito y... que no partió la columna.

Días más tarde se tuvieron noticias de que seguíamos defendiéndonos, y en vano se le hizo buscar, no pareció el tal Fojas y continuó en proyecto lo del envío del socorro.

Esto no impidió que más adelante se diese crédito á las invenciones de otro desertor nuestro, José Alcaide Bayona, que llegó hasta inculparnos de asesinato y rebeldía.

No fué, repito, ni la fantástica pretensión de un vano alarde, lindante con lo grotesco y chocarrero, ni un arranque sublime, ni mucho menos, como lo han demostrado los hechos, buscar la oportunidad de contestarles: — «Si no queréis hacerlo, nosotros, más generosos, nos rendimos.» Fué sola y exclusivamente con el deseo de la respuesta que nos dieron.

Lo habían tomado á veras y aquello era una letanía de insultos, que no he de reproducir en estas páginas. Era lo natural, de alguna manera tenían que desahogar la bilis. — «Morenas — decían, por último, — ¿qué moradores han de volver al pueblo? ¿quiéres que vengan los igorrotes á ocuparlo? ¿Con qué perdón y olvido? Aquí no hay más sino que capituléis á todo trance.»

¡No presumían ellos cuando escribían estas líneas, elogio fúnebre del infortunado Las Morenas, el trance crítico á que nos veíamos caídos!

El pobre capitán nos abandonaba por la posta, víctima como los demás del beri-beri. Su agonía era horrible; no había perdido el conocimiento por completo, pero sí la noción del sitio en que se hallaba; presa de un constante delirio, que aumentaba su angustia, creía estar en compañía de los suyos, pero con el enemigo á la vista: una vez comenzó á gritar extremecido y alarmado, — «¡Enriquillo! ¡Enriquillo! (uno de sus hijos) y volviéndose á mí, que no le abandonaba, lo mismo que Vigil, me dijo sollozando: — «Mande usted que salgan á buscar á ese niño ¡Pronto! que me lo van á coger los insurrectos!...

Falleció el día 22 á media tarde. Era un buen corazón, demasiado llano quizás, y la Patria le ha sido justa. Su memoria no se borrará de la mía; Dios le tenga en su paz.

Como no quedaba más teniente que yo, tuve inmediata y oficialmente que asumir todo el mando, con todas sus incidencias y peligros, días hacía que todos ellos corrían de mi cuenta, pero entonces las circunstancias no podían menos de agravarse y dificultarse gravemente con semejante pérdida. Bien comprendí lo que me aguardaba en lo futuro, si es que no había de flaquear en el camino, muy largo aún y espinoso, pero me hallé dispuesto y no dudé la resolución un sólo instante. Era el día 145 del asedio; quedaban á mis órdenes 35 soldados, un corneta y tres cabos, casi todos ellos enfermos; para cuidarles no disponía más que de un médico y un sanitario; para mantenerlos, de unos cuantos sacos de harina, toda ella fermentada, formando mazacotes; algunos más de arroz; otros que habían tenido garbanzos, pero que ya no guardaban más que polvo y gorgojos; ni aún asomos de carne, pues la de Australia se había concluído en la primera semana de Julio; algunas lonjas de tocino hirviendo en gusanos y de un sabor, por añadidura, repugnante; café muy poco y malo; del vino, que se había terminado en Agosto, los envases; habichuelas, pocas y malas; azúcar abundante, pero ni una chispa de sal (1), que nos faltó desde que nos encerramos en la iglesia, y algunas latas muy averiadas de sardinas. Bien poco era todo ello, contrastando con el desarrollo de la epidemia, las fatigas del sitio y lo remoto de que se pudiera socorrernos; pero aún teníamos suficientes municiones, una bandera que sostener mientras nos quedara un cartucho y un sagrado depósito, el de los restos de nuestros compañeros, que guardar contra la profanación del enemigo.

Podíamos resistir y resistimos.

---

(1) Precisamente de lo que hubiéramos podido abastecernos con más facilidad, por comerciar con ella los habitantes del poblado.

EL SITIO

(SEGUNDA PARTE)

**DESDE EL 23 DE NOVIEMBRE DE 1898 AL 2
DE JUNIO DEL 99**

I

23 DE NOVIEMBRE Á 13 DE DICIEMBRE

No hay parlamento. — «Juergas» diarias. — Chamizo
Lucas. — Fiesta de la Patrona. — Pastos nocturnos. —
Fuego y pedreas. — «¡Castilas; gualan babay!» — Ve-
nid por pan. — Nota vergonzosa. — Precauciones. —
El médico enfermo. — Por algo verde. — Relaciones
para el otro mundo. — Interrogación.

EL día 24 volvieron á solicicitar parlamento.
No queriendo recibirlo, mandé tocar inmediatamente retirada, mas por si acaso no com-
prendían lo que significaba esta respuesta, ó no
querían darse por entendidos, antes de sonar la
corneta me subí al coro, previniendo á los centinelas que no hiciesen fuego si alguien se presentaba. No tardó mucho en aparecer un indio
con la bandera blanca en una mano y una carta

en la otra. Le grité desde arriba que se marchara, que ya no recibíamos papeles ni recados, y
tal espanto hubieron de causarle mis voces, que
salió disparado y se arrojó á la trinchera de cabeza, enviando por delante la no admitida carta
y la desdeñada banderola.

De igual manera procedí en lo sucesivo negándome á recibir parlamentarios. Pero como esto
podía inspirar sospechas de que fuese debido al
abatimiento del soldado; como estas mismas comunicaciones, por muy peligrosas que fueran,
siempre traían algo del exterior y algo nuevo
contrario al tedio que nos aplanaba y consumía,
quise remediar ambas cosas, levantar nuestro
espíritu distrayendo la imaginación con algunos
ratos de *juerga,* que aunque forzados cubriesen
el expediente dentro y fuera, que alegrasen los
ánimos é hiciesen obscurecer nuestras angustias;
ratos de palmas, rumor alegre y chisporroteo de
cantares, que hacían alterarse á los enemigos y
gritarnos: «Cantar, ya lloraréis»; y á nosotros
nos encendían el recuerdo de otros días felices,
de aquel país adónde quizá no volveríamos, de
aquel deber que se nos mostraba tan difícil. Recuerdos bien amargos, comedia y pura comedia
que se repitió diariamente hasta el fin del asedio;
pero comedia en la que nos produgimos como
actores, á pesar de la voluntad que reclamaba;
dolorosos recuerdos que, sin embargo, nos for-
talecían de veras.

Para celebrar estas *juergas*, máscara de la risa
con que pretendíamos encubrir el rostro ya co-
rroído por el cáncer, mandé que por las tardes
saliese al corral toda la gente libre de servicio,
sanos y enfermos, con tal de que pudiesen mover las manos, entonar alguna copla, ó animar
con sus movimientos la jarana. Como dejo indicado, esto sacaba de quicio al enemigo, que
agotaba, insultándonos, su repertorio de amenazas y trataba de reducirnos al silencio, redoblando su fuego; pero que sólo conseguían ex-
citarnos, por la sencilla razón de que todo su
vocerío y sus disparos no eran para nosotros
sino algo así como la provocación que galvaniza
y el interés con que se caldea un ejercicio.

A todo esto la perfección que iba realizando
en sus trincheras y el dominio alcanzado por la
fortificación de algunas casas próximas á la
iglesia, nos ponían ya en grave aprieto, sobre todo por la parte del oeste, donde alguna de dichas
casas no distaba cuarenta pasos. Íbamos care-
ciendo también de leña, y aún cuando la teníamos cerca, pues sólo nos impedían llegar hasta
ellas las tapias del corral, junto á las cuales había caído cuando se derribó el convento, no
podíamos salir á cogerla.

Esta necesidad y aquel dominio pedían con
urgencia el arranque de una medida salvadora.
Concebirla era fácil, porque bastaba con la des-
trucción de aquellas casas, pero la dificultad era

mucha. Un soldado cuyo nombre merece colocarse muy alto, Juan Chamizo Lucas, venció esta
dificultad con su heroísmo.

Aprovechando uno de aquellos raros momentos de trégua ó de cansancio en que los rebeldes
nos parecían descuidados, salió cautelosamente
aquel arrojado muchacho, y con una serenidad
increíble prendióles fuego por entre las mismas
aspilleras donde asomaban las carabinas enemigas. Antes de que saliera coloqué yo á preven-
ción los más hábiles tiradores disponibles, cubriendo todo aquel frente del oeste, por si trataban de aprisionarle ó de ultrajar su cuerpo, caso
probable de que sucediera una desgracia; mas
por fortuna cuando se apercibieron de la quema
ya estaba Chamizo de regreso, metido en la trinchera de la sacristía, y sólo fué necesario hostili-
zarles para impedirles que combatiesen el incendio. No pudieron hacerlo, y propagándose á
otras viviendas dejó completamente arrasada la
del cabecilla Hernández, aquella misma sobre la
que fingimos dirigirnos la noche del asalto, y
una de las fortificadas en que habían emplazado
cañones (1).

Con esto logramos debilitar aquella parte del
ataque, donde la misma naturaleza parecía como
afanada en resguardarnos de la vigilancia enemiga. Fecundado aquel suelo maravilloso por

_____

(1) Con los que fácilmente nos hubiesen podido.
arruinar la sacristía, toda ella de madera.

las lluvias continuas de la estación que atravesábamos, no circulando nadie por el espacio
comprendido entre la iglesia y el cinturón con-
travalador que nos cercaba, todo un boscaje de
plataneros y otros árboles, dondiegos, calabaceras, y otras plantas de una exuberancia y fron-
dosidad paradisiacas, se había ido levantando á
ojos vistas sobre una muelle alfombra de apetitosas y multiplicadas yerbecillas.

He dicho *apetitosas* porque tal nos hallábamos
de los alimentos que comíamos, y tanta la re-
pugnancia que nos daban, que aquellas plantas
que se nos ofrecían tan cercanas, luciendo frutos
y matizadas florecitas, la misma yerba con sus
aderezos de rocío, su abundancia de oxígeno y
la frescura de que parecía saturada, presentábanse
á la necesidad en que vivíamos con las delicias
de codiciada golosina.

Abundaba sobre manera este boscaje por la
zona de las fortificaciones incendiadas y la parte del norte, pero aunque algo tupido y suficiente para ocultar á un hombre, no era posible
autorizar su recolección á los soldados, tanto por
el tiroteo contrario, muy digno de respeto, como
para evitar cualquiera incidencia de otro género.
Sólo Vigil y yo, á escondidas porque nos parecía
vergonzoso, nos deslizábamos por el agujero de
la puerta, silenciosa y furtivamente, bajábamos
á la trinchera, y... comíamos grama. Banquete
de rumiantes que pudo salirnos muy caro por-

que tal era el acierto del enemigo que, habién-
dolo advertido, nos envió una vez cierto cañonazo de metralla que si no es por torpeza, nos
hace la digestión definitiva (1).

El 8 de Diciembre tuvimos otra defunción del
beri-beri, la del soldado Rafael Alonso Medero,
Sin embargo, como era día tan señalado para la
Infantería española, y convenía desvanecer el
mal efecto de aquella nueva pérdida, mandé hacer buñuelos y café para la tropa, dándoles además una lata de sardinas por individuo. Poco
valía este módesto refrigerio, porque ya he dicho
el mal estado de los víveres, pero allí todo lo
que rompía lo monotonía· diaria, con cierto aspecto de novedad y desahogo, confortaba los
ánimos. Por esto, aún cuando los buñuelos, como
es de suponer, salieron hechos unos verdaderos
buñuelos, el café un aguachirle y cada lata una pe-
queñez aprovechable, todo se tuvo por apetitoso
extraordinario, que todo es relativo en el mundo,
y la guarnición de Baler celebró dignamente la
fiesta de su Patrona inmaculada: en lo religioso,
con el sepelio del compañero fallecido y los rezos
por el descanso de su alma; en lo positivo, con el
simulacro de banquete, y en lo militar, con su
acerada resignación á todo ello.

En el campo insurrecto debían de meditar
constantemente, no ya el embite serio, descu-

(1) El atacador fué á clavarse en la torre, lo que indica el apresuramiento del disparo.

bierto y á fondo que nos hubiera indudablemente aniquilado, sino el recurso que, bordean-
do los peligros de un combate de frente, acabase
por intimidarnos y abatirnos. De aquí el estruendo con que por entonces dieron en acompañar
sus ataques. No bastándoles con el de sus cañones, que ya era muy sobrado, tomaron el sistema
de acompañarlo con formidable griterío y unas
lluvias de piedras, que, al caer sobre los tejados
de la iglesia, de zinc y poco sólidos, ensordecían
con sus redobles del infierno.

Plagiando nuestras juergas solían otras veces
armar bailes y jaraneo en sus trincheras, con la
nota diabólica de hacernos oir muchas voces de
mujeres.— *«Castilas, gualán babay»* (españoles, no
tenéis mujeres), voceaban con la sana intención
que puede imaginarse; nosotros les gritábamos
que no nos hacían falta para nada, y formando
ristras·con el pan que no había resultado comestible, lo sacábamos por una aspillera y les decíamos burlonamente, — «venid, venid, por pan.»
Aunque no tenemos piñas ni plátanos tenemos
pan de sobra. — «No podemos ir, contestaban,
porque nos cortarían la cabeza.»

Lo del vocerío y estrépito nada tenía de particular, por ser muy propio de aquellos pueblos
semisalvajes, que, al combatir, procuran así
enardecerse, atemorizando al enemigo; pero el
detalle de los reclamos femeninos ya indicaba
un alcance mucho más hondo y bastante más te-

7

mible que sus redoblantes pedreas. Por desgracia y fortuna la situación lamentabilísima en que
vivíamos quitábale su poder á este recurso. Digo
que por desgracia en consideración á las amarguras que sufríamos; hallo que por fortuna, pues
la influencia de semejantes amarguras nos guardaba muy bien contra la sensualidad y sus deseos
y, sin embargo, no vacilo en calificarlo de temible porque siempre lo ha sido, en todas las circunstancias y las épocas, el tercero de los peca
dos capitales.

Lo vergonzoso de aquel incesante martilleo,
de aquel gotear contínuo, de acechos y de astu-
cias, de insultos y ofrecimientos ó incentivos era
la mediación que alardeaban tomar en ello
nuestros infames desertores. No había griterío
en que no dominasen las voces de aquellos miserables, ni empresa donde á nuestra misma
vista no se afanasen por distinguir su felonía,
procurando *hacer méritos,* ganar el premio y la
consideración del enemigo que, al parecer, no
los regateaba con ellos.

Nosotros hubiéramos preferido el asalto for-
mal con todas sus peligrosas contingencias, porque deseábamos *hacer carne,* saciar nuestro co -
raje, la ira forzosamente comprimida un día y
otro día, sin más desahogo que un tiroteo se-
dentario, no del todo infructuoso, pero de ninguna eficacia perceptible. Aunque velados por la
espesura y la trinchera el efecto de nuestros fue-

gos, ya conocíamos, por la viveza en la respues
ta, que habían dado en vivo, pero tal estábamos
con la desesperación de nuestro encierro y aquella mortificación continuada, que hubiésemos
querido ver de cerca el estrago, contar las bajas
que les hacían nuestras balas, como veíamos, el
agonizar de nuestros amigos y contábamos sus
lamentaciones y congojas   .

Con este propósito dispuse que luego de haber comido-la tropa, se apostara en las aspilleras, bien oculta, y se tocase fajina para rancho.
Hasta entonces no habíamos utilizado la corneta,
sino para el toque de parlamento y el de ataque,
pero como podían tomarlo por una formalidad
imprudente, me pareció que tal vez se les ocu-
rriese al oirla que podían verificar una sorpresa
bajo el amparo de la ocupación á que llamaba.
No me dió resultado el ardid, que les hubiera
proporcionado un escarmiento, y no tuvimos el
desahogo que anhelabamos. Ya he referido la
forma en que hacíamos la vigilancia por la noche y ahora debo añadir que tampoco los centinelas enemigos descuidaban las conveniencias
del sitio. En lugar del «alerta» sonaba un pito,
cuyo silvo se repetía de una en otra, y como era
muy breve no permitía la referencia para el tiro.

La penuria, el fracaso de mi referida estrata-
jema y la necesidad evidente de arrancar al destacamento del terrible marasmo en que lo veía
descendido, me indujeron á proyectar una salida

que, sobre animar á la gente, nos permitiese la recolección de aquellas hermosa calabazas que tan cerca veíamos, con toda la desesperación de nuevos tántalos. Reservé mi propósito. y decidí celebrar con ellas la Nochebuena, mi ojeto era también dar fuego á todo el pueblo, y aprovechando la turbación de la ocurrencia, tomar aquellos frutos, dar fe de nuestra vida, y hacer una cacería de insurrectos.

Concertada la empresa, fijé para ella el día 23 de Diciembre; pero tuve que anticiparla. Continuando la epidemia su mortal desarrollo, había llegado al médico, y éste, que se veía ya postrado, y esperaba la muerte sentado en un sillón, para no descuidar á sus enfermos, hasta el último instante, me dijo el día 13: «Martín, yo muero: estoy muy malo. Si pudiesen traer algo verde quizá mejoraría, y, como yo, estos otros enfermos.» Ya sabe usted, le contesté, que tenía proyectada una salida para la víspera de Nochebuena; pero como no es posible aguardar á esa fecha, quiere decir que la intentaré sobre la marcha.

Procuró noblemente disuadirme, temiendo en el apresuramiento una catástrofe, pero yo, que le vía decaer por momentos, á pesar de sus vigorosas energías, le respondí: «No hay más remedio y se hará, suceda lo que suceda, porque si no lo hacemos, aquí nos devora seguramente la epidemia.»

Tanta verdad era este, tan seguro el peligro,

que los soldados, con cierta despreocupación verdaderamente sublime, formaban ya unas listas que llamaban *expediciones al otro mundo.* En ellas colocaban primeramente á los que ya se hallaban en lo último de lo último, luego á los menos graves, y así sucesivamente por este orden. Cuando alguno resultaba en cabeza, le decían sus compañeros: «A tí te corresponde ser enterrado en tal sitio.» Y ellos, con una calma fría é incomparable, legaban cinco pesos para los que hiciesen el hoyo. Daba espanto el oirles, allí, entre aquellas penumbras de tristeza, mal cubiertos de andrajos, sucios, famélicos, con tanto y tanto recuerdo de los que humedecen los ojos con llanto del espíritu y tanta grandeza en su postración y su miseria.

Muchos de aquellos hombres deben de vivir todavía ¿qué será de ellos? quizás de nuevo se vean caídos en la estrechez y los andrajos, por causa de las fuerzas perdidas, por falta de socorro, y no hallen en su angustia ni aún el derecho á la protección de algún asilo!...

¡Fué todo aquello tan solitario y tan lejano!

II

14 Á 24 DE DICIEMBRE

Salida. — Ganando espacio. — Saneamiento y provisiones. — Siembras y cosechas. — A la intemperie. — Tapando agujeros y evitando hundimientos. — Tempestad. — Nueva línea de contravalación. — Fiesta de Nochebuena.

AQUELLA salida que yo había prometido á Vigil, sucediera lo que sucediera y sobre la marcha, ofrecía sus inconvenientes y dificultades á cual más peligrosos. Bien se me alcanzaban los unos y las otras; mi gente, la disponible para el caso, no llegaría ni aún á 20 individuos, y el enemigo era desproporcionadamente numeroso; aquellos tenían que salir á pecho descubierto, y el otro podía esperar en la protección de sus trincheras; los unos débiles y entumecidos, el insurrecto en la plenitud de su descanso; parecía efectivamente una locura, y en aquel sacrificio veía yo que se traslucía una esperanza, garantida y segura por lo temerario del empeño.

La sorpresa, en todas las circunstancias de la

vida, es de un efecto inmenso, tanto más poderoso cuanto más se acompaña de lo extraordinario é inesperado, cuanta más audacia revista.
A ello fiaba yo la consecución de mis propósitos
y á ello debí que se realizaran por completo. .

Al día siguiente de mi conferencia con el médico, 14 de Diciembre, sobre las diez y media ú
once de la mañana, hora precisamente la menos
indicada para cualquiera tentativa, llamé al cabo
José Olivares Conejeros, de gran corazón y de
mi completa confianza, le ordené que tomase
catorce hombres, de los más á propósito; que saliese con ellos muy sigilosamente, uno á uno y
arrastrándose, porque no era posible de otro
modo, y ésto difícilmente, por cierto agujero que
daba paso á la trinchera de la sacristía, y que
una vez reunidos y calado el machete, sin hacer
ruído alguno, se lanzara con ellos de improviso,
desplegándolos en abanico, á rodear la casa que
daba frente á la parte norte de la iglesia. Uno
de aquellos hombres, llevando cañas largas y
trapos bien rociados de petróleo, debía dedicar-
se al incendio, los otros al combate resuelto y
desesperado, á todo trance. El resto de la fuerza,
que hice yo colocar en las aspilleras del edificio,
tenía la misión de apoyar el ataque, aumentando
la confusión con sus disparos, hacer todas las
bajas posibles, é impedir la sofocación de los
incendios.

Todo salió como se había proyectado y todo

con el éxito que nos era tan necesario. Yo procuré distraer con algunas preguntas al centinela que vigilaba en la casa de referencia, muy bien atrincherada, pero éste vió muy pronto á los míos y se dió á la fuga ciego de miedo, sembrando el espanto y el desconcierto entre los suyos. Las llamas, que rápidamente se propagaron por el pueblo, lo recio de la carga, el acierto en el fuego que desde la iglesia les hacíamos, procurando no gastar plomo en balde, y el barullo, el terror que de unos á otros se comunicaba irresistible decidió prontamente una general desbandada que dejó limpio el campo, en menos tiempo del que se tardaría en detallarlo.

Aparte de la sorpresa, que desde luego hubo de realizar allí uno de tantos milagros como refiere la Historia militar de todo tiempo, dos razones muy poderosas, dos juicios acrecidos, latentes en la fantasía enemiga, debieron de producir aquel efecto. Uno el tradicional de la superioridad española, que veníamos demostrando, y otro el de la violencia, el furor de que debían considerarnos poseídos. Conviene tomar nota, porque bien es de suponer que si en otros lugares y en otras ocasiones hubiérase cuidado no desvanecer estos juicios, previniendo acontecimientos desgraciados, evitando flaquezas y procediendo con resoluciones enérgicas, otros muy diferentes de los que aún lamentamos hubieran sido los resultados obtenidos.

Aquella gente había formado un concepto muy soberano del *castila,* y este concepto, que *nunca debió descuidarse,* pudo valernos mucho. En el hecho de que hablo, multiplicado por lo imprevisto del ataque, decidió aquella pavorosa desbandada que no paró hasta el bosque; medítese ahora lo qué hubiera podido lógicamente significar en otras circunstancias mejores, con más fuerza y recursos, llevado á fondo y con objetivos de mucha mayor entidad y transcendencia.

No pudimos contar las bajas, debido á la confusión que se produjo; pero supongo que no debieron de faltarles. Allí tengo entendido que murió el cabecilla Gómez Ortiz, aquel de la suspensión de hostililidades, uno de los centinelas situados en la parte sur cayó muerto de un tiro y allí quedó abandonado en el trastorno. Las llamas del incendio, pasando por encima, destruyeron á poco rato su cadáver, y lo mismo sucedió con el pueblo, del que sólo respetamos varias casas de las más apartadas, por si llegaba en nuestro socorro alguna tropa, que no le faltaran los alojamientos necesarios.

Inmediatamenîe procedimos á destruir la trinchera que tan de cerca nos rodeaba, y como el fuego arrasó las viviendas fortificadas que la servían de apoyo y de flanqueo, pronto quedó espaciada una regular zona polémica, de anchura suficiente para que pudiésemos abrir las puertas de la parte sur, cerradas desde los albores del sitio, que había en la fachada de la iglesia.

Una ceja de monte nos venía impidiendo la vista y dominación del brazo de agua ó río que pasaba por el camino de la playa. Esta vía era de mucha utilidad para los rebeldes, que á todas horas bajaban y subían descuidadamente por ella, conduciendo en sus barcos vituallas y refuerzos. Convenía dificultarlo cuando menos, y para ello no había otro remedio que la poda, todo lo más á raíz que se pudiera. Cortamos allí un claro y el paso quedó al descubierto, no impedido completamente, pero sí bajo el riesgo de nuestros fuegos.

A esta beneficiosa expansión que sobre mejorar nuestras condiciones locales nos franqueaba las reacciones ofensivas, tuvimos la satisfacción de añadir un buen repuesto de hojas de calabacera, calabazas, y todo el sabroso fruto de los naranjos de la plaza; cuanto se pudo y nos pareció comestible. No desdeñamos tampoco las vigas y tablas que pudimos conducir á la iglesia, donde también metimos la escalera dejada la noche del asalto, todo el herraje que se pudo ir cogiendo entre las cenizas de la Comandancia militar, que, como edificio de madera, nos facilitó buen repuesto de clavos, algunos de más de medio metro de largo, que nos fueron luego de mucha utilidad, y que de haberlos dejado al enemigo le hubieran servido quizás para las cargas de metralla.

Si á todo esto se añade que de nuestra parte
no tuvimos que lamentar ningún herido, no
creo exagerado considerar aquella temeraria locura como un hecho de armas fecundo y victorioso. La importancia de cada cosa en este mundo debe graduarse por las circunstancias que
remedia; la mina de brillantes no vale para el
náufrago lo que una humilde concavidad que le
ofrece agua; todos los trofeos que llegue á con-
quistar un ejército no pueden compararse á lo
que significó para nosotros aquel enemigo des-
pavorido, aquel pueblo incendiado, la tala de
aquel monte que nos impedía la vigilancia de
aquel río; la mísera ojarasca y agrestes frutos
que hubiéramos repugnado en otro tiempo, y
entonces fueron tan codiciosamente recogidos;
los clavos y tablones, las trincheras rasadas, el
campo despejado, y, sobre todo esto, aquellas
puertas de la fachada sur de la iglesia franquea-
das al aire, después de cinco meses y medio de
clausura, facilitando entrada para la ventilación
que sanea y allanando salida para los miasmas
que destruyen.

Sí; aquella memorable salida, en la que todos
cuantos podían tenerse de pie hicieron verdaderos prodigios, fué para el destacamento de
Baler como el soplo de oxígeno para el desdichado que se asfixia. Por de pronto con el aireo
de la iglesia, los nuevos comestibles, frescos y
verdes como pedía nuestro médico, y la espe-

ranza que no pudo menos de respirarse con el éxito, conóciόse muy pronto que descendía la epidemia. Más distanciados los vigilantes enemigos, ya se pudo en lo sucesivo, cuando no arreciaba mucho el fogueo, permitir la diaria salida de un par de hombres, que volvían con sacos de hojas de calabaza, tallos de platanera y varias yerbas, con las que se aumentaba y mejoraba la ya bien escasa ración que podíamos repartir de nuestros víveres. Previendo que si de nuevo se formalizaba el asedio, no sería posible hacer este repuesto, procuré un abastecimiento más cercano; y, por último, aprovechando el tiempo que me dió para ello la estupefacción del contrario, logré que se despejara el corral de todas las inmundicias que tenía.

Esto era importantísimo. Las materias fecales, desechos y basuras, habían llegado á formar allí tal depósito de fangosidad corrompida que su hedor no podía resistirse. Mandé, pues, abrir un pozo negro á siete ú ocho metros más allá de las tapias, y, por una zanja en declive, lleváronse á él todas aquellas pestilencias, quedando luego, con el auxilio de las aguas, fácil conducto para la conservación de la limpieza y un depósito aislado, capaz y á bastante distancia para no temer gravemente sus peligros.

La cuestión de verduras nos hizo utilizar como huerta y sembrado todo el terreno disponible, mirando como ya dejo dicho, que pudiéramos cosecharlas, aunque otra vez se nos estrechara muy de cerca. Labramos al efecto un pedacito junto á la entrada de nuestra trinchera, y en él sembramos pimientos y tomates bravíos, de los que tanto abundan por aquellos países. La misma trinchera y su foso quedaron cubiertos de calabaceras abundantes, que á poco tiempo les hicieron tomar el aspecto de una campiña de forraje. Todo se reproducía enseguida, pero las calabazas, muy desmedradas, no eran mayores que huevos de gallina, seguramente por lo copioso de la siembra, y había que arrancarlas cuando alcanzaban este desarrollo, porque de lo contrario se desprendían ellas solas y no era posible comerlas.

Creo haber indicado que la iglesia estaba sólidamente construída, excepto el anexo destinado á sacristía. Sus paredes eran anchas y recias, de hormigón y bien cimentadas. Tan dobles eran, que por encima hice poner á trechos una fila de cajones llenos de tierra, detrás de los cuales aún quedaba un escaloncito de medio metro de ancho y podían servir como excelente parapeto en el fuego y la vigilancia. Por cierto, dicho sea de paso, que la famosa escalera del asalto nos prestó un buen servicio para defender aquellas alturas y relevar sus centinelas.

Pero si los muros no carecían de robustez, si eran firmes y dobles, no sucedía lo mismo con el techo, de zinc todo él, formando sendos planos

á derecha ó izquierda, como los tejados ordinarios, y no muy bien apoyados en las cornisas,
como suele ocurrir á todo cobertizo, por la misma derivación con que se asientan.

Cuando los sitiadores percibieron los riesgos
y dificultades que podría ofrecerles otra expug-
nación por asalto, quisieron evitarlos; pero buscando el medio más eficaz para conseguir que
nos rindiésemos, acordaron, por lo visto, dejar-
nos á la intemperie, sin techumbre, confiando
en que la pertinacia de las lluvias pudriría enseguida los pocos ó muchos víveres que tuviésemos almacenados, encharcaría el suelo, nos
impediría el descanso y se haría imposible la
continuación de la defensa.

Con este propósito, no solamente piedras que
lo vencieran, cayendo en él como poderosa gra-
nizada, según he referido, si no descargas, cerradas lanzaron contra nuestro pobre tejado que
no tardó en ponerse lo mismo que una criba.
Por sus numerosos agujeros llegamos á descubrir
el firmamento lo mismo que por tupida celosía,
cuyo aspecto, en las noches claras, recordaba el
de los cielos muy estrellados; pero cuyo servicio,
cuando llovía, más era de temer que no de aprovechar; puesto que, sobre dejar paso franco á
las aguas por sus numerosos boquetes, las vertía
en abundancia contra las indefensas cornisas,
donde las retenía, pudriéndolas, con grave riesgo de venirse abajo todo y aplastarnos.

Para remediar esto fué necesario el esfuerzo
de un trabajo desesperado. Clavar la cornisa utilizando aquellos largos clavos de que ya tengo
hablado, empresa nada fácil, por las condiciones
peligrosas en que había de hacerse y lo incapaz
de los materiales empleados. Atar bien seguro
á las vigas del techo el quizame (1) de madera
que por debajo de la cubierta y apoyado en el
borde interior de las referidas cornisas imitaba
la bovedilla de la iglesia; ir cubriendo uno á uno
los multiplicados agujeros abiertos en el zinc.
Para ello se improvisó una especie de masilla (2)
que los obturaba en seguida, pero como á las
aguas sucedía un calor sofocante, que todo lo
encedía, saltaba la pasta y se nos perdía la tarea.
Luego tratamos de cerrarlos con pedacitos de
lata, que metíamos en ellos formando canal para
que vertiesen á fuera; y nos dió mejor resultado,
porque, á lo menos, era más duradero el remedio, pero con todo, cuando apretaba la lluvia, no
había sitio donde pudiéramos guarecernos, y así
cada cual tenía que valerse como Dios le daba á
entender. Yo tuve que amparar mi cama bajo una
especie de cobertizo, que parecía el toldo de un
carro, y los demás se las ingeniaron á su modo.

---

(1)   Este quizame hubo que romperlo en algunos sitios para poder entrar á los parapetos de los muros, sobre los cuales teníamos que sosténer levantada la cubierta de zinc, para que abriese campo de tiro.

(2)   De harina y yeso.

De nada nos valió cierta noche. Una tempestad horrorosa, propia de aquellos climas en que á los temblores del suelo, cuando estalla el furor de los elementos, suelen acompañar todos los espantos del espacio; un verdadero diluvio que se desplomó como presagiando el fin del mundo, nos lo puso todo inundado, perdido. Cayeron por el suelo nueve ó diez metros de aquella cornisa que tanto trabajo nos había costado ir asegurando con los clavos, y fué verdadero milagro que no matase á nadie. Satisfechos con esto, no hubo más sino revestirse de paciencia y al día siguiente recomenzar las composturas.

El cerco mientras tanto se había formalizado nuevamente. La parte del pueblo que no dimos al fuego sirvió de apoyo á la faja de trincheras con que se volvió á rodearnos; pero esta línea se hallaba mucho más distante que la primera y casi toda, falta de los abrigos anteriores, al descubierto. Para resguardarlas tuvieron que hacer cobertizos y correr por el fondo una especie de entarimado, porque se les inundaban fácilmente, unas veces á consecuencia de las lluvias y otras por las crecidas, que al diario flujo y reflujo tenían los diferentes brazos del río.

Esto aumentaba las molestias del sitiador y con ellas su impaciencia de rendición, lo que bien se notaba en la hostilidad vigilante con que procuraba inquietarnos ¡cuánta pólvora gastó inútilmente á pesar de lo que anunciara Villa-

8

corta! Por nuestra parte procurábamos no des-
cuidarnos, acechar de continuo y no hacer fuego
sino cuando lo considerábamos preciso.

Llegó la Nochebuena, esa fiesta de la intimidad
que tantos recuerdos evoca en todos los hogares
cristianos, y nos dispusimos á celebrarla con
estrépito.

Dispuse que á la tropa se le diera un extraordinario de calabaza, dulce de cáscara de naranja y
café. Habíamos hallado en la iglesia buen golpe
de instrumentos pertenecientes á la música del
pueblo, y ordené repartirlos á todos los francos
de servicio, cual una flauta, el otro con el bom-
bo, aquellos con tambores, clarinetes, requinto,
etcétera, y los demás, porque no hubo para todos, con latas de petróleo; no es para dicho el
estruendo que se armó en la velada. Enronque-
cían desde las trincheras enemigas voceándonos
todo linaje de improperios, diciendo que ya se
acabaría todo y vendrían los lloros, que allí habíamos de morir; y nosotros, redoblando la des-
acorde algarabía, procurábamos disipar la tristeza de nuestras almas, pensando en que aún
valíamos para enfurecerles, aún había cartuchos
para continuar defendiéndonos, y aún seguía en
la torre, á despecho de tempestades y de lluvias,
de angustias y violencias, la bandera de nuestra
patria infortunada.

III

25 DICIEMBRE 1898 Á FEBRERO DEL 99

Episodio. — Parlamento aceptado. — Cartas. — Espera
inútil. — Año viejo y Año nuevo. — Aislamiento. — El
palay. — Noticias por sorpresa y malas noticias. — El
capitán Olmedo. — Entrevista. — Informalidades. —
Razón de nuestras dudas.

En uno de los últimos días de aquel mes de
Diciembre ocurrió un pequeño incidente, un
sencillo episodio que sin revestir ninguna importancia me indujo en cierto modo á reanudar los
parlamentos. Yo mismo no he podido explicar-
me la razón lógica del hecho, pero ello es que lo
uno se derivó inmediatamente de lo otro, y bien
pudo ser cediendo á la curiosidad que me produjo lo primero.

Sería media tarde cuando vimos correr por la
trinchera enemiga, saltando y gritando, casi al
descubierto un muchacho como de unos doce
años. «¿Quiere usted que lo mate, mi teniente?»
me dijo el centinela. «No; le contesté, llámale por
si quiere algo de nosotros.» Lo hizo el soldado,

pero el chico no le atendió, y sin callar sus gritos, que no pudimos entender, ni parar en sus brincos, desapareció por el bosque.

Al día siguiente el corneta de la partida del pueblo tocó atención pidiendo parlamento. Nosotros conocíamos ya con sólo escucharlos á todos los cornetas enemigos; aquel precisamente era uno de los que tocaban peor y había vivido enfrente de la iglesia. Al oirla me dije: ¡Se habrán marchado los otros! ¿quedarán solos estos (los de Baler), y querrán decirnos algo que merezca la pena? Mandé tocar atención ó izar bandera blanca.

Se presentó el parlamentario y nos entregó una carta, en la que hallamos tres; una de Villacorta diciéndonos que el capitán Belloto había llegado al campamento, que había ido para conferenciar con nosotros, y que por este motivo quedaban suspendidas las hostilidades hasta que terminase la conferencia, que tendría lugar á la hora y en la forma que nosotros determinásemos; otra del mencionado capitán, participándonos que le habían llevado á Baler para la conferencia, y otra del cura Fr. Mariano Gil Atienza, pidiéndonos por Dios que oyésemos y diéramos crédito á lo que nos dijera Belloto. Contesté al parlamentario que fuese á participar al capitán que allí mismo en la plaza quedaba yo esperándole (cometí esta imprudencia que pudo costarme la vida). No se presentó nadie, y cuando ya

obscurecía mandé quitar la bandera de parlamento y hacer fuego en cuanto se viese á un
insurrecto, porque todo indicaba que aquello no
había sido más que una estratagema, fingiendo
la intervención de una persona que no podía tener reparo en presentársenos, para ver si nos
aveníamos á recibirla.

Examinando la situación en que vivíamos, fácil es deducir lo que me preocuparía este suceso.
Dando por cierto que la dominación española hubiese terminado en el Archipiélago, cual se nos
afirmaba, ¿cómo no esperar la participación oficial de tan grave acontecimiento? Si la guerra iba
mal y debíamos retirarnos de Baler, ¿cómo explicar la falta de un aviso en debida forma? Si tantas
eran las capitulaciones conseguidas, ¿por qué no
presentarnos algunos de los jefes capitulados?

La nueva de la presencia de Belloto me hizo
esperar que se acabarían nuestras dudas, y por
esto salí yo mismo, arriesgándolo todo, á la conferencia prometida; llevado por una disculpa-
ble impaciencia que, al verse defraudada, no pudo menos de aumentar mi desconfianza. El peligro
arrostrado en aquella ocasión, cuya transcendencia medí luego, al advertir como nos habían
engañado, me hizo ser más cauto y receloso en
lo sucesivo. Téngase muy en cuenta, medítese,
repito, la serie de añagazas con que se pretendía
reducirnos y se razonará mi comportamiento en
adelante.

Llegó con esto la noche del 31 de Diciembre, última de aquel año, primera del 99, 184 del sitio. La última hoja del calendario americano, descubrió ante mis ojos el ya inútil cartón donde había estado pegada, y al arrancarla sentí una sensación dolorosa, indefinible, que bien pudiera calificarse de romántica, pero... ¿qué más romántico, después de todo, que aquella misma tenacidad en defendernos? Júzguese como quiera. Yo, que hambriento de sueño y sin esperanzas de socorro había ido quitando las hojas anteriores, viéndolas irse como nuestros compañeros fallecidos; yo, que á la merma del referido calendario miraba ir compasada la de nuestras municiones y víveres, no pude ver con indiferencia la que, al desaparecer de su sitio, dejaba en él descubierta la huella del pasado, con todas sus amarguras y tristezas. El año nuevo se me pareció siniestro y nebuloso, con la desesperación como término, y sentí un desfallecimiento irresistible, y una opresión que me sofocaba; la falta de alguien á quien referirle mis angustias, y el peso del deber que me amordazaba y me recluía en el silencio.

Debo decirlo. Una de las cosas que más apenaban mi espíritu en aquellos días interminables y en aquellas noches de recelosa desvelada era el secreto en que no podía menos de guardar mis propósitos, la falta de comunicación y de consejo. A nadie podía confiar mis vacilaciones, pues que para no desalentar á mis hombres tenía

que parecerles confiado y resuelto, ni á nadie
hacer partícipe de lo gravísimo de la situación
que atravesamos. Vigil era la única personalidad
que por su ilustración y su clase podía servirme
de compañero y desahogo; pero Vigil, cuya entereza de ánimo y grandes condiciones patrióti-
cas no hallaría yo términos para elogiar como
deben ser elogiadas, carecía de conocimientos
militares, su misión era transitoria en el Ejército,
y si fué nuestra providencia en muchos casos,
nuestro auxiliar constante, no podía ser mi ase-
sor de ninguna manera en aquellas dificilísimas
circunstancias. Veíame sujeto, por tanto, á resolver por mí solo y bajo mi exclusiva responsabilidad en todas las ocasiones y momentos, cosa
en verdad más abrumadora que parece.

A fin de que no se perdiese la cuenta del día
en que vivíamos, sustituímos el calendario terminado por otro manuscrito, de forma parecida
y sendas hojas, en las que poníamos el nombre
del mes, la fecha y el día de la semana. Antes de
terminarse cada taco mensual, seguimos luego
escribiendo y ordenando el inmediato corres
pondiente.

El día de Año nuevo tuvimos rancho extraordinario de habichuelas con manteca. Manteca
rancia y habichuelas que, sólo por extraordinario también, podían considerarse comestibles.

Pero habíase concluído el arroz á todo esto, y
fué necesario entregarnos á la enfadosa ocupa-

ción de *pilar* (desgranar) los sesenta *cabanes* de
palay que tenía comprados el difunto P. Carreño. Tarea pesadísima y siempre difícil para
quien no la tuviera por costumbre; de una len-
titud enojosa, y, entonces, de resultados poco
gratos, pues á consecuencia de las pésimas condiciones en que lo habíamos tenido almacenado,
y no pudiendo solearlo debidamente, costaba
mucho trabajo ir quitando la cáscara, grano tras
grano. Poníase al hacerlo todo el esmero y deli-
cadeza posibles, todo el cuidado que obligaba,
no diré la necesidad, sino el hambre, y aún así
no había grano que no resultara partido, lo que
traía consigo bastante desperdicio. Como el estado en que se hallaba la tropa no era muy
á propósito para semejante operación, tuve que
reducir á lo extrictamente preciso, dos horas
diarias, el tiempo de la misma, sacando en ellas
nada más que lo indispensable para el rancho, y
esto de un arroz sucio, pulverizado, impropio.
Dejo á la consideración de quien quiera suponer
como estaría condimentado en tales condiciones,
mezclado con sardinas de lata medio inservibles,
tocino insoportable ú hojas de calabacera, y sin
sal (1). Pues con todo y con eso fué lo mejor que
tuvo á diario la guarnición de Baler desde los

_____

(1) Para darle cierto sabor le poníamos unos pimen-
tillos silvestres, muy picantes (las guindillas pueden
considerarse dulces comparadas con ellos) que abundaban mucho por allí.

primeros del año 1899, *cuando llevaba ciento ochen-ta y cuatro días* de bloqueo, y hacía ya *cuarenta* que había muerto nuestro comandante militar; cuando la ración de harina, que debía ser de 500 gramos, tenía que reducirse á 200, y cuando me veía en la precisión de suprimirle un peque-ño suplemento (1) de cinco centavos cada tres días, que, para compensar lo deficiente de las ra-ciones, se le venían dando á cada individuo des-de los principios del sitio.

El 13 de Enero resultó herido el soldado Mar-cos José Petana, y una de aquellas noches, apro-vechando la osbcuridad, nos colocaron junto á la puerta de la iglesia un paquete con siete ú ocho periódicos filipinos, cuyo encuentro nos sor-prendió al día siguiente.

Nunca los hubiera leído, sus noticias no pre-cisaban nada, pero bien podían calificarse de un espumarajo de insultos, de un salibazo inmundo, asqueroso contra España y sus hijos; contra la Nación generosa que había llevado á tan apar-tadas regiones, y á costa de su sangre, la luz del Evangelio; y contra sus hijos, los mismos de quienes habían recibido aquellas turbas de mi-serables aborígenes las primeras nociones de hu-manidad y de cultura.

Recuerdo que una de aquellas secreciones de oruga, por no decir noticias, refería que en Ma-

_____

(1) No era lo suficiente ni con mucho, pero nadie lo rechazaba.

nila, un *castila disfrazado de indio,* había robado
el portamonedas á una señora (india tal vez, dis-
frazada de castila) y que los americanos se habían encargado de ponerle á la sombra. Otro
suelto publicaba una instancia del párroco de
Albulug (Cagayán), Fr. José Brugnes, pidiendo á
un general filipino que le dejara permanecer en
dicho pueblo, si no como tal cura, como particular, para cuidar los «cafetos» que allí poseía. Con
este motivo alegaba su interés por la insurrección, demostrado, añadía, con auxilios de todas
clases prestados muchas veces á las fuerzas tagalas. El efecto que me produjo aquella desdichada lectura no pudo ser peor. Desgarré los periódicos prometiéndome no coger ningún otro
aunque los volviesen á dejar sobre la misma torre.

Entró el mes de Febrero, sin otras novedades
que la ya consabida de los continuados tiroteos
y la creciente penuria de alimentos. La epidemia se volvió á llevar otra víctima el día 13,
causándonos la baja del soldado José Sánz Mera-
mendi.

El 14, cansado ya de oir al corneta enemigo
tocar á parlamento, me subí á la torre para otear
lo que sucedía por el campo. Junto á una de las
casas atrincheradas, que se indica en el plano,
descubrí al tal corneta y junto á él una bandera
blanca que debía de llevar otro. Viendo nuestro
silencio, dicho individuo se marchó á los pocos

momentos hacia el llamado «Puente de España»,
sitio donde nosotros creíamos se hallaba la Plana Mayor de los contrarios, porque lo habían
fortificado, cerrando ambos extremos y procurando resguardarlo de cualquier embestida, con
esmero verdaderamente notable.

Seguí observando y no hizo más que desaparecer el de la bandera, cuando le ví salir nuevamente y volver á donde antes había estado. «Ya
te han zurrado la badana, pensé al ver esto, por
retirarte tan aprisa», y era de sospechar que así
hubiera ocurrido por lo breve de la indicada
permanencia.

De nuevo tocó el corneta dos veces atención,
sin que le respondiéramos; yo permanecía en
acecho, esperando á ver en lo que paraba todo
aquello, é intrigado, no por lo estraño del hecho,
que nada ofrecía de particular en la forma, si no
por la insistencia, y, sobre todo, por la pronta ida
y vuelta del que llevaba la bandera.

Por lo general ocurría, ya he tenido lugar de
notarlo, que si en vez de contestar al parlamentario se guardaba silencio, no solían fiarse y se
marchaban con el temor de algún disparo. Júzguese, pues, cual no sería mi sorpresa cuando veo
al individuo en cuestión, ó, mejor dicho, á la
bandera que llevaba, echar por la calle del Cardenal Cisneros y dirigirse á donde nosotros nos
hallábamos. Le grité que hiciese alto y bajé inmediatamente á la trinchera.

— ¿Es usted el capitán Las Morenas?, me dijo al verme.

— No señor, contesté, soy uno de los oficiales del destacamento.

¿Qué se le ofrece á usted?

— Soy el capitán D. Miguel Olmedo y vengo de parte del Capitán general para hablar con el Sr. Las Morenas.

— El capitán Las Morenas no habla con nadie ni quiere recibir á nadie. Le han engañado ya muchas veces, y se ha propuesto que no le vuelvan á engañar; dígame usted lo que desea y yo se lo diré.

Contestó que ya sabía el General que se había intentado engañarnos; pero que ya no había este peligro, porque todo cuanto me había dicho era cierto y que traía un oficio de nuestra primer autoridad en el Archipiélago.

Sosteníamos este diálogo, yo desde la trinchera, y él como á unos cuarenta pasos de distancia. Al oir que traía una comunicación oficial, mandé salir un soldado para que pudiera traérmela lo que resistió desde luego diciendo tenía orden terminante de darla en propia mano; pero habiéndole yo argüido, como fin de polémica, que sino quería entregarla se retirase inmediatamente con ella, cedió á mi ultimatum y me la envió con el soldado.

Entonces le dije: «Puede usted esperarse; voy á ver lo que determina el capitán.» Entré, como si fuese á la comisión prometida, y leí el oficio siguiente:

«Habiéndose firmado el tratado de paz entre España y los Estados Unidos, y habiendo sido cedida la soberanía de estas Islas á la última nación citada; se servirá usted evacuar la plaza, trayéndose el armamento, municiones y las arcas del Tesoro, ciñéndose á las instrucciones verbales que de mi orden le dará el capitán de Infantería D. Miguel Olmedo y Calvo. — Dios guarde á usted muchos años. — Manila, 1.º de Febrero de 1899. — Diego de los Ríos.» Y al pie «Señor Comandante Político-militar del Distrito del Príncipe, capitán de Infantería D. Enrique de las Morenas y Fossi.»

Extrañando semejante dirección personal, volví á repasar el oficio con la desconfianza que puede imaginarse, y reparé que no parecía registrado en ninguna parte. «Vaya, pensé, no se les ha ocurrido numerar la comunicación, y, en cambio, sobre indicar al pie la personalidad oficial á quien va dirigida, no se les ha olvidado precisar además el nombre y apellidos, redundancia completamente innecesaria; y se preocupan en lo de las *arcas del Tesoro,* cosa que aquí ni aún remotamente conocemos». Me volví á los soldados y les dije: «Nada; la misma música de siempre». Salí á la trinchera y grité al titulado capitán Olmedo: «El capitán Las Morenas ha dicho que está bien; puede usted retirarse.»

Lejos de hacerlo así me contestó que desearía quedar en la iglesia porque venía muy calado. Respondí negativamente, y me preguntó que donde iba él á dormir aquella noche. «Donde haya usted dormido las anteriores», repliqué. Dió entonces á lamentarse arguyendo que le parecía mentira que Las Morenas se comportase de aquella manera con él, siendo paisanos, habiendo estudiado juntos, y mediando no sé que lazos de parentesco entre uno y otro... Bueno, exclamó por último: «¿Y cuándo debo volver por la respuesta?» «Cuando toquemos atención é icemos bandera blanca; le dije, y si no lo hiciésemos no tiene usted que molestarse porque no habrá contestación». Se retiró y ya no volvimos á verle. Durante algunas noches oímosle hablar en el *bahay* ó casa del gobernadorcillo (también fortificada), por lo que nos figuramos que debía de ser algún jefe insurrecto.

¿Quién podía imaginar otra cosa? ¿Quién suponer que un capitán de nuestro ejército se había de presentar, con mensaje de tamaña importancia, vistiendo de paisano, utilizándose de las cornetas enemigas, pidiendo parlamento en idéntica forma que tantas veces se nos había pedido anteriormente, y sin ostentar ninguna divisa española, ningún signo exterior que le presentara como nuestro?

Mediaba, por otra parte, la circunstancia de que habiendo sido condiscípulo de nuestro difunto capitán, no me hubiese desconocido desde luego y me hubiese, por el contrario, preguntado si era yo Las Morenas. No era tampoco detalle para dejarlo inadvertido el hecho de argumentar que venía completamente mojado y que no tenía donde alojarse, cuando en su traje no se advertían mojaduras, y era lo natural que, amigo ó enemigo, debía de contar con el auxilio y tolerancia de nuestros sitiadores. Hallábase muy reciente además lo de Belloto, que también se anunció como capitán de nuestras fuerzas y que después no tuvo por conveniente presentarse.

Bien podía, pues, ocurrir que se proyectara una intentona; que antes, y en el momento crítico, les hubiera faltado resolución para terminarla, y que sabidores más tarde, por cualquier infidencia, de la muerte del comandante militar hubiesen ideado la trama, fingiendo la comunicación, sin reparar en lo de las *arcas del Tesoro*, ni en la falta del número de registro, ni en la sobra de la dirección personal, y confiando en la protección de aquel escrito, lograr por fin nuestra rendición á todo trance.

Seguramente que los placeres de Baler no serían la rémora que me aconsejaba tales dudas; nadie como nosotros deseaba que terminase todo aquello, mudar aquellos aires, y acabar de una vez, si las circunstancias lo exigían; pero allá en mi memoria se reproducía el artículo 748 del Reglamento de Campaña (1), estaba terminante y yo no podía comprobar la veracidad de aquel mandato, no podía salir de aquel puesto de honor sin cerciorarme de que no era víctima de una estratagema de guerra; de que no podría inculparse después mi credulidad á mis deseos; de que obedecía una orden.

Reparos y dificultad que, por lo visto, y con el trastorno de las cosas, no se tuvieron presentes por quien hubiera debido tenerlos muy en cuenta.

___

(1) Dice así: Recordando que en la guerra son frecuentes los ardides y estratagemas de todo género, aún en el caso de recibir orden escrita de la superioridad para entregar la plaza, suspenderá su ejecución hasta cerciorarse de su perfecta autenticidad, enviando, si le es posible, persona de confianza á comprobarla verbalmente.

IV

DE 25 DE FEBRERO AL 8 DE ABRIL

Confabulación sorprendida. — Caza inesperada. — Imitando á Robinsón. — Emboscada. — Represalias: Cañón moderno. — Ataques rechazados. — Se acabó el tocino.

En el tiempo que llevaba tratando á los individuos que formaban el destacamento, habíanme sobrado espacio y ocasiones para conocerlos á fondo. Si alguna vez se desnudan, por decirlo así, los espíritus y surgen al exterior los vicios ó virtudes, las energías ó flaquezas que todos llevamos en lo más recóndito del sér que nos anima, es indudablemente cuando el peligro nos mortifica y nos oprime, cuando el sufrimiento nos descompone y cuando el tránsito misterioso de la muerte preséntase inmediato con el despojo de la esperanza y de la vida. Entonces brillan con poderosa llamarada la fe y el entusiasmo que nos divinizan ó el interés que nos enloquece, y el hombre se hace mártir, alcanza las regiones del heroísmo, desciende hasta las miserias del crímen ó cae de lleno en la

9

cobardía que le infama. En todos los defensores de aquella lejana iglesia de Baler tenía por fuerza que verificarse este fenómeno, y yo, que no me hacía ilusiones, que advertía muy bien lo poderoso de la tentación que podía seducir á mi gente, ya por los ofrecimientos y amenazas hechos á grito herido, un día y otro, desde las trincheras enemigas ó ya por la extremidad que padecíamos, no perdonaba indicio, momento ni detalle para llegar hasta la conciencia de cada uno. Sabía, pues, que allí tenía corazones de una bondad extraordinaria, hombres de fibra, y corazones pusilánimes; almas capaces de toda clase de iniciativas y almas irresolutas, de las que se dejan llevar pasivamente al extremo á donde se quiere conducirlas; voluntades honradas y voluntades egoístas; no se me ocultaba el peligro. Sabía, por lo tanto, que si afuera estaba el acecho, dentro podía germinar la infidencia; que la más pequeña debilidad ó vacilación podía resolver nuestra pérdida, y que no había otro remedio que una vigilancia contínua y un rigor extremado, tanto más difícil aquélla y más violento este último cuanto que yo estaba sólo con autoridad allí para el caso.

Por esto no me produjo gran estrañeza la confidencia que se me hizo el día 25 de Febrero, ni vacilé un momento en la decisión correspondiente, y eso que luego resultó algo mucho más grave de lo que al pronto sólo daba motivos para suponer un conato de deserción. Tenía determinada mi línea de conducta, se hallaba esta fundada en la común salvación de todos nosotros, regulada por los mandatos del deber y había que seguirla; no cabía otra senda que ser despiadadamente inexorable.

El soldado Loreto Gallego García me participó que su compañero Antonio Menache Sánchez tenía el propósito de pasarse al enemigo. Fundaba esta sospecha en la propia declaración del tal Menache. Guardábale Gallego, algún dinerillo que tenía, lo que nada tiene de particular entre camaradas, y hacía unos dos meses que aquél se lo había pedido, confesando que tenía el propósito de irse con los tagalos, «porque se le había metido en la cabeza el hacerlo.» Su compañero debió de tomarlo á broma ó censurarlo, y no se volvió á tratar del asunto, que ya parecía olvidado, cuando en la noche del 24 de Febrero, á cosa de las diez, se vió á Menache subir sigilosamente, bien envuelto en su manta, la escalerilla del escusado, atisbar desde lo alto el campo sitiador y luego deslizarse á gatas por la derecha, donde se abría, poco distante, una ventana, la cual, aunque aspillerada como todas, ofrecía fácil salida. Observado todo esto por el centinela más próximo, le había dado el alto dos veces, pero el otro, sin contestar y siempre á gatas, se había retirado enseguida por el mismo camino, pudiendo vérsele, cuando bajó por la escalerilla, que llevaba en la mano derecha el fusil. Menache era prófugo, le habían capturado, y, como á tantos otros, enviado al Ejército de Filipinas. Tenía, pues, un antecedente sospechoso que unido á su indiscreción de hacía dos meses y al hecho referido justificaban la confidencia de Gallego.

Le hice llamar y le pregunté sus intenciones. Comenzó por la negación más terminante, apelando á toda clase de juramentos, lloroso y lamentándose amargamente, pero yo que también por mi cuenta le había ido notando ciertos cuchicheos extraños y ciertas omisiones le acosé de tal modo, tanto le fuí á la mano, inspirado en sus mismas contradicciones y tropiezos que acabó por decírmelo todo. Algo más grave de lo que me había imaginado, pero algo también de lo que me había presumido. Tratábase de una verdadera confabulación que, si no pudo alcanzar mayores vuelos, no fué seguramente por falta de voluntad en los culpables, sino por la de ocasión, y debo decirlo en honor de sus valerosos compañeros, por la falta de atmósfera.

El tal Menache hacía ya mucho tiempo que se había puesto de acuerdo con otro soldado, José Alcaide Bayona, cuyo nombre, de triste recordación, tendré lugar de repetir más adelante, y concertados ambos con uno de los cabos, Vicente González Toca, tenían preparada la fuga. Era indudable que si no habían realizado este pro-

pósito debía de ser por el afán de propaganda y
el de hacerlo en alguna oportunidad que les
congraciara la benevolencia enemiga. Todo parecía indicarlo así, porque de otra manera no se
comprendía la permanencia de aquellos hombres
aguantando las privaciones del asedio. Cada
uno aisladamente se hubieran podido escapar
muchas veces, pero ya entonces, la tentativa de
Menache, dejando al fin á sus compañeros en la
iglesia, daba motivo para sospechar muchas cosas. ¿Qué habían acordado? ¿Seguirle sucesivamente los otros? ¿Quedarse aquellos, proyectan-
do alguna traición abominable que aquel debía
comunicar al enemigo? Bien podía ser lo primero
como ellos confesaron, y bien podía ser lo segundo.

Procedí á tramitar las oportunas diligencias,
porque de una ó de otra manera, el delito era
grande y había que tomar precauciones. Resultó
que habían decidido únicamente pasarse á los
tagalos con sus fusiles, dos carteras cada uno y
las cananas del correaje llenas de municiones;
que no tenían cómplices y que todo se había
echado á perder por la irresolución de Menache.
Esto último era evidente; lo de la falta de complicidad, probable; lo demás no muy claro. Insistí en mis pesquisas y pude sólamente hallarlos
convictos de otros hechos gravísimos, aún cuando extraños á sus deberes militares. No cabía
otra solución que asegurarlos, poniéndolos des-

de luego á buen recaudo, y en la situación que
me hallaba podía legalmente haberlos mandado
fusilar enseguida, que después de todo, así parecían las circunstancias reclamarlo, para evitar
mayores males, comunicaciones y lástimas, pero
no quise hacerlo. Ordené meterlos en el baptisterio, y aún, si les puse grillos, fué por la poca
seguridad que ofrecía la puerta ó rastrillo de
semejante habitación, y haberse manifestado en
los tres una perversidad alarmante.

Considérese la impresión que me causaría este
suceso. Tenía que recelar hasta de mi sombra.
Desde los comienzos del sitio no había disfrutado
las dulzuras de un sueño tranquilo y desde que
todo estaba en mis manos faltábanme hasta las
ocasiones para el sueño. Dormía paseando; cuando vigilaba y cuando comía; de pie y sentado;
cuando hablaba y cuando callaba: mi estado
era una vigilia perpetua, mi cabeza un mareo,
mi cuerpo el de un autómata. En esta situación
había sobrevenido la ocurrencia demostrando
lo insuficiente de mis fuerzas, y ante aquello no
pude menos de sentirme desesperado. Llegó á
tal extremo la inquietud de mis nervios que un
ligero murmullo, el ruído más pequeño, desve-
lábanme con agitación desconocida; en todo me
parecía encontrar indicios alarmantes, y en todo
motivos de observación y sobresalto. No es para
imaginado el despecho y el sufrimiento que
produce la falta de recursos fisiológicos cuando

los reclama una voluntad enardecida y yo pedía
en vano luz para mi cerebro que se aturdía,
vigor para mis brazos, resistencia contra el abatimiento del cansancio: Dios me lo tendrá en
cuenta. Recordándolo ahora dudo si ha sido una
pesadilla lastimosa.

Ocurre por fortuna que tras de la noche más
negra suele venir una madrugada muy alegre.
En la penuria de alimentación á que nos veíamos
sujetos, nada tan grato se nos podía ofrecer
como la carne fresca, y nada, sin embargo, tan
difícil de conseguir. ¡Cuántas veces habíamos
hechado de menos aquellos tres ó cuatro caballos
que yo había guardado previsoramente al encerrarnos y que me habían hecho soltar por re-
pugnancia! ¡Cuánto hubiéramos dado por aquellos trozos de gamo que no se habían querido al
principio! Pero nadie pensaba en ello porque se
consideraba imposible, tan imposible como el
maná, ó la lluvia de codornices que disfrutaron
los israelitas en el Éxodo. El cielo, empero, quiso realizar el milagro y tuvimos carne abundante, merced á una cacería inesperada.

Cierta noche de las últimas de Febrero advir-
tieron nuestros centinelas unos carabaos que se
aproximaban á la iglesia. Rodeada ésta por las
trincheras enemigas, que, á juzgar por su continuado tiroteo no debían de hallarse abandonadas, el suceso era extraño. En tiempos ordinarios
había que ir al bosque para encontrar esta clase

de animales, montaraces y esquivos, temerosos del hombre, y entonces resultaba que habían llegado hasta los vivacs del insurrecto, sin espantarse de su presencia ni sus fuegos, los habían franqueado y circulaban por nuestro campo libremente. La cosa tenía, sin embargo, una explicación bien sencilla. Los tagalos, con toda su frugalidad, no querían privarse de carne, y para tenerla disponible á su antojo, habían reunido un pequeño rebaño de aquellos nutritivos rumiantes, fácilmente domesticables, echándole á pastar entre sus posiciones y nosotros. Quizás pensaron que aunque les matásemos alguno, serían ellos quienes se aprovecharían de la caza.

La referida noche, debido á lo singular de la visita, que nos cogió desprevenidos, únicamente conseguimos auyentarla. Uno de los centinelas disparó con apresuramiento y no hizo blanco; pero á la siguiente bajé yo á la trinchera con cinco de los mejores tiradores, luego de prevenirles que no hiciesen fuego sino á mi voz y apuntando á la paletilla de una misma pieza, quedamos en acecho.

La suerte nos favoreció á poco rato. Matamos uno de aquellos robustos animales, y antes de amanecer lo teníamos ya cuidadosamente desollado y hecho cuartos. Hubo festín de largo. Todo resultó inútil para contener á los soldados. Tanta era su hambre, que se volvieron como locos y fué necesario dejarles, que á su gusto y sabor cortaran trozos para devorarlos asados. La carne, por esta razón, sólo duró tres días; y basta decir que tanta comieron el primero, que á todos se les descompuso el estómago. Cuando se hubo acabado repetimos la caza, matando también otro, pero esta vez nos vimos obligados á cobrarle bajo el fuego enemigo.

Como no había sal nada podía conservarse, y en cuanto pasaban dos días, aquella carne tan codiciada se hacía insoportable. Tuvimos que acechar de nuevo, y un tercer carabao sirvió para reponer, bien que muy transitoriamente, nuestros víveres. En esta ocasión fueron dos los heridos, pero cuando al siguiente día quisimos recoger el segundo, ya estaba hinchado y empezando á descomponerse.

Terminóse con esto la inesperada cacería porque los sitiadores, viendo que no les traía cuenta y que no podían impedirla, se llevaron las reses. Mucho nos venía doliendo la carencia de sal, pero entonces aún se nos hizo más doloroso no tenerla por el servicio que nos hubiera prestado facilitando la conservación de aquella carne.

Mas no se redujo todo á los nueve ó diez días que pudimos comerla. Estábamos descalzos y las tres pieles de que nos habíamos provisto, bien secas y estiradas, nos fueron muy útiles para confeccionar sendas abarcas. A fin de que no hubiesen despilfarros, yo mismo guardaba las pieles, á medida que se hallaban dispuestas, y yo mismo cortaba el pedazo correspondiente al calzado de cada uno. Algo por el estilo debió de hacer aquel soberano de Aragón que así resguardó los pies de sus guerreros para salvar las estribaciones pirenáicas.

Comenzaba ya Marzo y la tropa estaba desnuda. Primeramente se había ido remendando los pantalones, dejándolos convertidos en taparrabos; y con las mangas, entreteniendo las guerreras, ó sea los justillos á que se quedaron reducidas; pero cuando ya no hubo de donde sacar para remiendos y las mutiladas prendas volvieron á presentar nuevos rotos; cuando se acabaron los hilos, y, poco á poco, desaparecieron las agujas, cada cual iba con la vestimenta que podía.

Para remediar esta desnudez vergonzosa les facilité el 2 de Marzo algunas sábanas, calzoncillos y camisas de la enfermería. Con esto se vistieron, pues imitando á Robinsón en su isla desierta, de un pedazo de tela sacaron hilos, y con alambre hicieron agujas, no tardando en confeccionarse las prendas más precisas que la honestidad exigía. En la fotografía que puede verse al principio de este libro, reproducción de la que se hizo cuando llegamos en Junio á la capital del Archipiélago, aún hay algunos que visten aquellas ropas, otros las fueron desechando por el camino en cuanto pudieron sustituirlas, porque se avergonzaban. El 25, fiesta de la

Encarnación, se acabó de mondar el palay, ¡Todo
iba concluyéndose!, y al día siguiente, para distraer á la tropa, mandé abrir una zanja, cortando
la calle de España (1), en cuyo extremo se hallaba el puente del mismo nombre. Ya he dicho
que aquél estaba cubierto y fortificado con esmero. Cerca del puente, á la derecha de la calle,
alzábase la casa del gobernadorcillo, y á la izquierda, junto á la calle del Cardenal Cisneros,
otra casa, también atrincherada (2), en la que
tenían un cañón. Resulta, pues, que desde la zanja podíamos batir la entrada del puente é impedir la comunicación entre éste y las dos referidas
viviendas.

Hecha la operación sin que lo advirtiera el
enemigo, y pudiendo guarnecer y desguarnecer
la cortadura sin que viese á mis hombres, el día
28 embosqué allí unos cuantos que de pronto le
sorprendieron con sus disparos castigándole ru-
damente y haciéndole abandonar á tres individuos en mitad de la calle, dos muertos y uno
muy mal herido. Con esto, sobre despreocupar
á mi gente y animarla, me proponía demostrar
que no estábamos ni desalentados ni dormidos,
incitándoles además para que se irritasen y nos
atacasen al descubierto.

Y ataque sí hubo, pero á distancia, desde sus

---

(1) Véase el plano.
(2) La misma cuya fotografía se acompaña.

abrigos; reducido á un tiroteo nutrido, que se inició á las cinco de la madrugada del 30 y duró hasta la noche, sin más novedad que la de aparecer en escena un cañón moderno, emplazado sucesivamente ya en un frente ya en otro de los cuatro donde tenían baterías. Era esta pieza, cuya fotografía se acompaña, una de las que teníamos en Cavite; sus disparos hacían estremecer la iglesia, pero no producían considerables deterioros. Luego he sabido que al ver Aguinaldo nuestra prolongada resistencia envió al general Tiño con instrucciones particulares y fuerzas numerosas, á las cuales parece ser que hicimos unas cincuenta bajas el día que llegaron; que Tiño había tenido que retirarse á poco tiempo diciéndole al caudillo de la insurrección que la iglesia de Baler no podía ser tomada violentamente, y que á ello había contestado Aguinaldo, «Verá usted si se toma»; enviando para ello este cañón, más una regular dotación de proyectiles y botes de metralla que... no hicieron ver nada, excepción hecha de nuestra firme tenacidad en la defensa.

Imaginando acaso que la presencia del cañón y sus tiros hubieran podido quebrantar nuestros ánimos, en las últimas horas de aquella misma noche pidieron parlamento con repetidos toques de corneta, y viendo nuestro silencio, á cosa de las cuatro volvieron á romper el fuego desde toda su línea. El consumo de municiones, tanto de fusil como de la nueva pieza de artillería, debió de ser crecido en aquella hermosa mañana, y digo hermosa porque sobre no ser para nosotros de sangrientos efectos, sólo sirvió para entusiasmarnos y enardecernos.

Cuando se hizo de día insistieron en solicitar parlamento, sacando desde sus trincheras á cada momento una caña muy larga, en cuyo extremo había una carta y un paquete de periódicos. Nosotros contestábamos disparando tranquilamente allí á donde nos parecía que podíamos hacer blanco, y ellos entonces recrudecían el ataque. Menguó éste un poco en la plenitud del mediodía, pero al llegar las primeras horas de la tarde, furiosos ya porque no recibíamos el mensaje, volvió á tomar unas proporciones formidables. Numeroso gentío debía de llenar las posiciones sitiadoras y rompió, con él fuego, en una gritería espantosa. Las voces de una multitud de mujeres uníanse allí á las de nuestros ordinarios combatientes y á otras desconocidas cual si toda la población de la isla, sin distinción de sexos ni edades, hubiese concurrido ansiosa de acabar con nosotros por asalto definitivo. No llegó á tanto, y en cambio les obligamos con nuestros disparos á cesar en los del cañón.

La primera octava de Abril sólo á intervalos cortos volvió á callar el fuego y sólo con visible recelo tornaron á utilizar aquella pieza, de lo cual dedujimos que habíamos conseguido escarmentar á los artilleros. No hay que decir si nos regocijaría el advertirlo.

Y llegó el día ocho, de triste recordación, pues en él acabamos, no diré con los restos, sino con las últimas imundicias del tocino. El palay ya he dicho que se nos había concluído, las habichuelas tocaban á su término y el café nos dejaba. No había más remedio que apelar á una extremidad repugnante, de que hablaré muy pronto, contra el hambre voraz que nos acosaba; recurir á ella ó capitular con los tagalos. El trance no podía ser más difícil. Llevábamos de asedio la friolera de 282 días, hacía ya 137 que me había hecho cargo del mando, por fallecimiento de Las Morenas. El honor militar estaba, pues, á cubierto y bien cubierto; la necesidad era grande; pero al rendirnos teníamos que humillar la bandera, vivir de la clemencia de aquella chusma que nos rodeaba enfurecida, entregarse al escarnio de nuestros infames desertores.....

Me faltó valor para ello y decidí que se continuara la defensa.

V

SIGUE ABRIL

Esperanzas de auxilio. — Barco en la rada. — Combate y decepción. — Parlamentos continuos. — Esperemos. — Tentativa de incendio. — Hazaña de Vigil. — Sin café ni habichuelas. — El hambre.

Un fenómeno de imaginación, hijo de la similitud de circunstancias, me hacía meditar á diario en el júbilo inmenso que debe de causar á las tripulaciones que naufragan, luego de apurados los víveres y todo recurso para la carena de su barco, el aparecer repentino de una isla hospitalaria. Como perdida en la soledad del Océano era de considerar nuestra iglesia; como expedición olvidada nosotros. Sin recursos de vida ni medios para romper aquella línea de airados enemigos, que un día y otro nos combatía sin descanso, bien podíamos compararnos al buque desarbolado y solitario, juguete de las aguas, rodeado por las fieras marinas, que se hunde lentamente, burlando con su ruina la fe y abnegación de sus valerosos marineros.

Para completar la ilusión, ni aun faltaba ese
chapoteo de las ondas que tanto molesta en las
navegaciones muy largas. Nos lo aportaba la
cercanía de la costa, y en el silencio de la noche
tampoco solía faltarnos ese bramido incomparable de la mar agitada; ese pavoroso lamento, con
dejos de amenaza, que parece surgir del abismo
para elevarse hasta lo infinito del espacio.

Durante las nocturnas veladas, cuando en la
soledad y el reposo meditaba yo, considerándolo
frente á frente, sobre lo desconsolador de nuestro estado; cuando, pensando en los sufrimientos
padecidos, medía el tiempo que se sostenía la
defensa y reflexionaba lo que mientras tanto había podido hacerse *de todos modos* más allá de
nosotros; desde Manila, desde el cuartel general
de nuestro Ejército, desde la misma España;
cuando á todos mis cálculos no respondía, en fin,
otra deducción que la de un abandono manifiesto y una ruina segura, confieso que la voz de
aquel mar, lúgubre y poderosa, me afligía de
una manera indefinible, pareciéndome cual si
contestase á mis pensamientos con el anuncio de
misteriosas desventuras. En tales términos, hubo
de obsesionarme todo esto que, lo declaro, aquélla voz, triste unas veces, airada en otras, pero
siempre dominante y solemne, llegó á ser para
mí lo más temible de las noches.

El día 11 de Abril, entre dos y tres de la tarde, creimos oir diez cañonazos hacia la parte de

San José de Casignán. Resonaban lejanos y parecían de alto calibre, así es que mi gente se volvió como loca al escucharlos, porque sólo podían atribuirse á la llegada de una fuerte columna de socorro; pero cuando este regocijo subió de pronto, rayando en el frenesí y enagenándonos á todos, fué cuando por la noche vimos que un proyector eléctrico dirigía sus luces desde la bahía sobre la iglesia, como buscándonos para recogernos y ampararnos.

Aquello era la salvación tanto tiempo buscada en las soledades marinas, y el goce que sentimos sólo puede ser comparado al que deben de experimentar los infelices que se hunden por momentos, viendo súbitamente rasgarse la neblina y aparecer junto á la proa de su barco la playa fácil, cubierta de árboles y sonriente de promesas.

No hay duda, nos dijimos, fuerzas por tierra y un vapor de guerra con otras para desembarcar y rescatarnos; tan luego como sea de día emprenderán el movimiento, y antes de las diez ya los tenemos á nuestro lado victoriosos, despejado el asedio y terminada esta insoportable resistencia.

Creo inútil decir que aquella noche no hubo individuo allí que no estuviese de centinela voluntaria, husmeando el ambiente, acechando y comentando los más ligeros ruidos que llegaban del enemigo y esperando el amanecer con la natural impaciencia que puede suponerse.

Comenzó á suceder como esperábamos. En las
primeras horas de la mañana sentimos el tiroteo
de un combate cercano, á la parte del mar, lo que
indicaba el desembarco. Nada se oía por la de
San José, lo cual no dejó de inquietarme, pero
esto podía obedecer á la falta de una coincidencia bien determinada, y como el fuego no tardó
en extinguirse, nos figuramos que se había tratado únicamente de algún reconocimiento hecho
por los marinos. Cuando llegó la tarde, pareció
que la cosa iba de veras, porque los cañones del
barco, que debían de ser de gran potencia, comenzaron á disparar y vimos correr por el campo
á los tagalos atropelladamente, cargados con sus
equipajes ó petates. Tales eran los estampidos,
que nuestra iglesia temblaba en sus cimientos.
También nosotros nos extremecíamos y temblá-
bamos, pero no de temor, sino de ansiedad y
contento. Hasta seis disparos contamos, uno tras
otro, á regulares intervalos, y viendo yo que no
proseguía la serie é imaginando que todo había
terminado, pues los indios continuaban huyendo, mandé abocarse toda la gente á las aspilleras
y ordené tres descargas consecutivas para señalar á los del auxilio que aún vivíamos y que seguíamos defendiéndonos. Cerró la noche sin que
nada indicara que nos habían oido, y por si esto
era cierto, por si acaso tampoco habían alcanzado á ver la bandera que teníamos siempre izada
y flameante, mandé que dos soldados subiesen

á lo más alto de la torre, provistos de una caña muy larga, en cuyo extremo pusimos un trapo bien mojado en petróleo con el encargo de encenderlo y agitarla cuando el barco nos dirigiera el reflector. Así se hizo sin obtener más que la callada por respuesta. A las cuatro de la madrugada se apagó el reflector, las luces del barco traspusieron al poco rato «Los Confites», doblaron luego la Punta del Encanto y... se perdieron sobre la ruta de Manila.

Renuncio á encarecer el efecto que semejante retirada no pudo menos de producir en nuestros ánimos. No lo creo preciso, y aun cuando tratara de hacerlo, probablemente no encontraría expresiones adecuadas. Piense cualquiera en la desesperación que sentiríamos; en el desfallecimiento que se desplomaría sobre todos nosotros, y deducirá el poco menos que insuperable compromiso en que me hube de ver para reanimar á mis soldados.

Aquel vapor era el americaho *Yorktown* (1). Su mision era rescatarnos, y en vez de conseguirlo se iba, dejando víctimas de la furia enemiga, catorce hombres y un oficial que, bajo el amparo de su formidable artillería, y provistos de una

---

(1) Cañonero de cubierta protegida, dos hélices, 3,600 caballos de vapor, 70,10 metros de eslora por 10,97 de manga (Datos oficiales.) y armado con 6 cañones de 15 cm., 2 de 6 libras, 2 de 3 libras, 1 de 1 libra, 2 revólver, 2 ametralladoras Gaelng y 2 tubos lanzatorpedos.

ametralladora Gatling, lograron desembarcar por
su desgracia.

Ni uno solo quedó para contarlo, según luego
supimos. Sus armamentos y la referida pieza de
artillería sirvieron como despojo á los tagalos,
que bien atrincherados en el río, y favorecidos
por las condiciones del terreno, pronto los derro-
taron merced indudablemente á la sorpresa. Los
cañonazos de la tarde habían sido disparados
contra un viejo castillete situado en la desembo-
cadura del río, donde los sitiadores también se
parapetaron fuertemente.

Séame permitido á este propósito notar una
vez más las pésimas condiciones en que se había
tenido ¿Cómo diré? la inadvertencia de situar el
destacamento de Baler. Su fácil incomunicación
era desde luego visible, notoria ya cuando á él
fuimos enviados nosotros. Que, dada su fuerza,
nada podía hacer para la tranquilidad del territorio también era evidente. ¿A qué, pues, mante-
nerle condenándole á un sacrificio inútil? Confieso mi torpeza; todavía estoy sin explicármelo
satisfactoriamente. No pretendo inculpar á nadie y hago esta observación con todos los respec-
tos que se consideren necesarios: Depués de todo,
y en gracia de lo mucho que allí sufrimos, creo
que tengo cierto derecho para ello.

Perdóneseme ahora la digresión y continue-
mos. Por el pronto, y apelando á todos los recursos de mi escasa elocuencia, pude tranquilizar á

los demás y aún tranquilizarme yo mismo, argu-
mentando que sólo podía tratarse de un aplaza-
miento de días: el vapor no traía fuerza bastante
para verificar un desembarco y debía de haberse retornado á buscarla. Esto parecía lo natural.
Nosotros ignorábamos entonces lo sucedido á
sus quince tripulantes, y creíamos razonar lógicamente suponiendo que no era propio un de-
sistimiento efectivo de la empresa libertadora
que debía de traer aquella nave, cuya naciona-
lidad ignorábamos (1). De haber conocido ésta
y tenido noticia de su desdicha en el cumpli-.
miento del encargo, semejante regreso nos hubiera parecido seguro y poderoso, aunque no
fuera más que por los honores del desquite.

' Aquella misma tarde, 13 de Abril, arbolaron
en las posiciones enemigas la bandéra norteame-
ricana (2) (cosa entonces inexplicable para nosotros) y nos enviaron á un quidam, con traje de
marinero, el cual llegó preguntando si había entre nosotros alguno que *parlase* francés.

Tan pronto como le vieron los soldados comenzaron á decirme que era el capitán Olmedo.
Me pareció lo mismo, y notando él que se le to-
maba por el otro (probablemente que se le había
conocido), hízose un lío, y nos dijo, chapurrean-
do, *que el capitán del vapor americano fondeado en*

_____

(1) Suponíamos que debía ser español.
(2) Cogida seguramente á los del Yorktown.

la rada ponía el buque á nuestra disposición para conducirnos á España en vista de que se había firmado la paz entre los dos países. Le contesté que estaba bien y que podía retirarse, lo que no se hizo repetir, demostrando con su presteza que conocía perfectamente nuestro idioma.

Desde aquel día fué un verdadero rosario de parlamentarios el que dió en salir de aquellas trincheras. Negábamonos á recibirles amenazándoles con nuestros disparos, y poniéndose á cubierto nos gritaban que recibiéramos la carta que nos traían, que en ella estaba nuestra libertad, «nuestra libertad que nos la daba el pueblo de Baler.» Una tarde, por último, nos enviaron á un pequeñuelo, que podría tener seis años; una, dos y hasta tres veces salió éste de la trinchera con la dichosa carta en una mano y la bandera blanca en la otra, le hicimos retirarse y, como tratara nuevamente de aproximarse, me dijo uno de los mejores tiradores que había en el destacamento, «¿Quiere usted que le quite la carta.» «Bueno, le dije, pero asegúrate bien para no herirle.» «No tenga usted cuidado». Hizo fuego y la carta salió volando por los aires como por arte mágico; el pequeñuelo desapareció dando chillidos y el hecho puso remate, sirviendo como de cruz, al tal rosario.

De suponer es la cuenta que llevaríamos del tiempo y como iríamos adicionando las horas desde la ocurrencia del *Yorktown;* el acecho y

la observación eran continuos, la excitación que
nos dominaba insostenible. Cuando se pasaron
los días, y, aún presumiendo todo linaje de inconvenientes y retardos, hubo más que sobra-
dos, no ya para que dicho barco hubiese ido y
vuelto á la capital del Archipiélago, sino para
la circunnavegación de la isla, me ví en la precisión de *forzar otra vez la máquina,* ideando
nuevos motivos que dieran explicación de aquel
retraso. No había otro remedio. El desaliento
nos invadía y aplanaba. Yo era el primero que
necesitaba reanimarme y yo era el llamado á
reconfortar á mis soldados. Buscaba y discurría
pidiendo á la imaginación un pretexto más ó
menos facticio, pero un pretexto que diera largas á la expectación en que vivíamos, que pareciese propio, y que, tranquilizando á mi gente, á
mí también me satisfaciera y animara.

Hé aquí el razonamiento con que por esta vez
Dios me inspiró y conseguí salir del paso:

«Mirad, decía yo, en la lucha que sostenemos
con los Estados Unidos es indudable que llevamos la mejor parte, si no ¿dónde estaríamos?
¿que habría sido de nosotros á estas horas? Pero
esa lucha debe de ser muy ruda, muy sostenida,
porque se trata de una nación poderosísima, y
como aquí no habrá fuerzas bastantes para que
puedan venir á socorrernos, que harto se hará
con hacer frente á los americanos y tagalos, es
evidente que se habrá de aguardar á que lleguen

refuerzos de la Península. Ya estarán en camino.
Esperemos, por tanto, y cumplamos con nuestro
deber, aquí donde nos ha tocado la suerte. Rendirnos ahora cuando bien hemos visto que no
se olvidan de nosotros sería borrar de un golpe
los meses que llevamos de merecimientos y trabajos.»

En el entre tanto se nos había querido tostar
bonitamente. La noche del 20 de Abril disparó
el centinela de la sacristía, corrí á enterarme de
lo que sucedía y me dijo que había hecho fuego
sobre algo que se le acercaba; que á juzgar por
el bulto, le parecía muy grande para perro, suponiendo que debía de ser un carabao pequeño;
que seguramente se hallaba herido, y que continuaba en el sitio á donde le había tirado, porque de cuando en cuando se movía la yerba.
Poco después me avisó el centinela de la ventana
de la izquierda del altar, noticiándome que debajo de misma y arrimados á la pared creía
sentir hombres puesto que sonaban las latas.
Conviene advertir que por los alrededores del
edificio teníamos esparcidas buen número de las
de conserva para que denunciasen la proximidad del enemigo. «Fíjate bien, le dije, no sean
los caracoles de otras noches» (había muchos
por allí). «No; señor, contestó, los caracoles siguen andando aunque las latas hagan ruído,
y los que ahora las mueven, por el contrario, se
detienen al oirlas, notándose bien la precaución

con que procuran evitarlas. Tengo la seguridad
de que son hombres y de que hay varios arrimados á la pared.» Desde la sacristía pudimos
comprobar lo cierto del suceso, pues cada vez
era más perceptible, también desde allí, que
había gente bajo la ventana del altar, pero des-

D. Rogelio Vigil

de ninguna parte podía ser batida porque de un
lado no lo permitía la esquina y del otro el
ángulo muerto. No había, pues, flanqueo y el
peligro aumentaba con los enemigos que, bien á
las claras, se iban ya reuniendo en el lugar
amenazado. Mi gente se apuraba y ya íbamos á
correr la peligrosa eventualidad de una salida,

cuando Vigil, en un momento de inspiración y de arrebato cogió un revólver, y sacando el brazo por la misma ventana del altar, á riesgo de que pudieran cercenárselo, comenzó á disparar perpendicularmente sobre los allí reunidos; huyeron éstos atemorizados, colocándose al descubierto, y rompiendo enseguida el fuego nosotros desde la sacristía, les obligamos á retirarse por completo.

Aquel arranque, hijo espontáneo de la desesperación y el heroísmo, pudo costarle caro á nuestro compañero, porque la ventana estaba muy baja, pero á él debimos nuestra salvación aquella noche. Al día siguiente, cuando procedimos á reconocer el terreno, lo encontramos con señales visibles de haber estado allí una porción de gente arrastrándose por el suelo, dos haces de leña que habían ya colocado sobre el parapeto de la sacristía, otros doce muy cerca y algunos gruesos palos, como bastones, marcados por uno de los extremos, cuya utilidad no conseguimos explicarnos. Todo esto nos lo apropiamos entrándolo como pudimos en la iglesia, y por cierto que, como ya carecíamos de combustible, la tal leña nos vino muy bien para cocer nuestros miserables alimentos.

La precipitada serie de parlamentos en que me ocupé anteriormente, y esta última, inesperada tentativa me hicieron presumir que nuestra liberación no debía de parecerle muy difícil á nuestros adversarios, cuando tanto se apresuraban á rendirnos. La suposición no carecía de fundamento y me indujo á perseverar en la defensa; pero ésta, desdichadamente, rebasaba ya el límite á donde puede llegar la humana voluntad, y, de no acudir pronto auxilio, yo no veía otro desenlace que la muerte.

El día 24 se nos acabaron las habichuelas y el café, quiere decir, los últimos. desperdicios de ambas cosas. No quedaban más. víveres que algunos puñados de arroz molido, restos de aquel palay mondado por nosotros, y algunas docenas de latas de sardinas problemáticamente comestibles. Nuestra comida, sobre ser muy escasa, estaba ya reducida á una especie de cataplasma de hojas de calabacera mezclada con las tales sardinas y un poquito de arroz, pero aún hubo que disminuir estos artículos. Merece repararse que á los mismos individuos que al principio no querían comer aquellas hojas, porque decían que se les hacían una bola en el estómago y que no podían digerirlas, fué luego necesario contenerlos para impedir que saliesen á la trinchera, donde las devoraban crudas con los tallos, sin esperar á que crecieran. Por la mañana, en lugar de café, tomábamos un cocimiento de hojas de naranjo, que se cogían en los que había delante de la iglesia, en la plaza. Tal era, en fin, el hambre que si un perro se aproximaba á nuestro alcance, un perro se comía; si gato, gato; si reptiles, reptiles; si cuervos, cuervos. Abundaban por allí cierta especie de caracoles que los naturales repugnan, y pronto se les vió desaparecer sensiblemente; la iglesia estaba rodeada de frondosos dondiegos y todo quedó limpio (1)...

La mar, sin embargo, pasábanse los días y continuaba implacablemente desierta.

---

(1) Sin que lo impidiera el riesgo, muy fácil, de comer alguna planta venenosa.

VI

HASTA EL 27 DE MAYO

Sección de Tiradores. — Caza de artilleros. — Balazo
extraño. — Traidores lesionados. — Uno qúe se fuga. —
En el cepo. — Insultos desde lejos. — Un cañonazo. —
Consejos piadosos. — ¡Que se hunde la torre! — Esca-
leras improvisadas. — La bandera no desaparece.

Eₙ el capítulo anterior dejo hecho mérito del
tiro notabilísimo de un soldado que hizo volar de las manos de un chiquillo, sin rozarle siquiera, la carta que persistía en entregarnos.
Ya es para maravillar el acierto, pero tiene su
explicación. El acecho constante á que nos veíamos obligados y el mucho tiempo que se llevaba
practicándolo, el deseo del blanco, el ansia de
hacer carne que á todos aguijoneaba de continuo,
y la calma recomendada en los disparos habían
llegado á formar entre mis hombres unos tiradores excelentes, á cuyo tino debimos en gran
parte la impotencia de la artillería enemiga.

Ocho de los mejores no prestaban servicio pór
la noche; pero desde que amanecía se colocaban

por parejas, una en la torre y las tres restantes
abajo, sin otro cometido que avizorar las bate--
rías. Cubrían éstas los del asedio con esteras,
figurando cortinas, para ocultar el armamento
de cada una, pues á fin de amendrentarnos, solían llevar de un lado para otro la pieza moderna
de que ya tengo hecha mención. El procedimiento no carecía de malicia pero como los
cañonazos nunca eran simultáneos, y como quiera que para fijar la puntería tenían que levantar
dichas cortinas, pronto descubrimos el juego y
pronto se logró introducir el pánico entre los
artilleros. Luego supimos que se había llegado
al extremo de que nadie quería prestar este
servicio, y el hecho fué que sólo preparando
sus tiros á favor de la obscuridad pudieron
ofendernos, excepto en casos muy singulares y
contados. Tal era efectivamente la seguridad
con que disparaban los míos que alzar la estera y
rodar inmediatamente por el suelo, quien trataba
de acercarse al cañón, todo era uno. Después de
capitular me dijeron que habían atribuído esta
exactitud en el tiro á... que tuviésemos amarra-
dos los fusiles á nuestras aspilleras! «Beati pau-
peres spiritu», como dice piadosamente el Evangelio.

Entre los varios heridos, todos afortunadamente leves, que hubo en aquellos días, sólo recuerdo á Pedro Planas Basagañas, que por segunda vez enaltecía la resistencia con su sangre;

pero el 7 de Mayo tuvimos que lamentar uno
grave, Salvador Santa María Aparicio, que falleció á los cinco días y cuya pérdida nos produjo
tanto dolor, pues era un buen soldado, como
extrañeza por lo chocante del balazo que llegó
malaventuradamente á producirla.

Se hallaba este muchacho en la ventana del
coro que se abría por encima del corral, y la
bala entró por otra ventana situada sobre la derecha del fondo, rebotó en la pared y, trazando
un ángulo agudo, le hirió en el costado intere-
sándole la médula. Diríase á veces que los proyectiles buscan la víctima que tienen designada,
mientras que hay otros en que parecen esquivar
á quien se cruza en su peligrosa trayectoria.

El enemigo había dado ya en combatirnos
diariamente rompiendo el fuego muy de mañana y á toque de corneta, como si se tratara de
una faena prefijada. Quería por lo visto mante-
nernos en zozobra constante, derrochar las municiones á trueque de producirnos algún daño,
y la verdad es que, á pesar de las precauciones
adoptadas, el aprieto en que nos ponía era grandísimo porque no había hueco, rendija ni agujero libre de aquel azaroso tiroteo, nutrido y
pacientemente sostenido. Su objeto era sin duda
impedir el ojeo de artilleros que practicaban
mis tiradores, y por esta razón, viendo que no
conseguían sus propósitos, llegaron á imaginar
que tendríamos los fusiles apuntados y sugetos

al muro. En sus entusiasmos guerreros no se les
alcanzaba, por lo visto, que hubiese hombres
capaces de acechar con tranquilidad bajo el
peligro.

No fué pequeño tampoco el que nos hizo correr una de sus granadas el día 8. Entró ésta
perforando la pared del baptisterio, donde se
hallaban presos y aherrojados los tres individuos
que habían proyectado pasarse al enemigo, Vicente González Toca, Antonio Menache Sánchez
y el funesto José Alcaide Bayona; hizo dentro
explosión, y los tres quedaron heridos aunque
no gravemente, salvándoles de una muerte segura los mismos escombros en que se quedaron
medio enterrados. Como el tal baptisterio solo
tenía escasamente unos dos metros de ancho por
otros dos y medio de largo, y todo él quedó en
un estado lastimoso, fué necesario sacarlos á la
iglesia, en cuyo centro se les dispusieron unas
camas y curó de primera intención cristianamen-
te. Allí dispuse que permanecieran hasta des-
combrar el sitio donde se les tenía recluídos y
tapar lo mejor que se pudiera el boquete abierto
por la susodicha granada, cuyos efectos pudieron sernos fatales, como ya iremos viendo, y no
seguramente por la violencia de sus cascos.

Terminada la cura de los mencionados prisioneros, quedaron éstos como postrados, lo que
unido á la conmiseración que no pudo menos de
producirnos la ocurrencia y á la ocupación del

descombro, hizo que se descuidara su vigilancia. La distracción fué breve, cosa de unos minutos, pero bastante para que Alcaide pudiera quitarse los grillos, rompiéndolos bajo la cubierta de la cama, y saltando repentinamente por una ventana próxima, que se abría en el muro del este, huyera como un gamo hacia las trincheras enemigas. El vigilante que había en la puerta del sur volvió la esquina y le asestó dos balazos que no le dieron, otro de los centinelas disparó también por dos veces, gritando á la segunda que le había matado porque le vió como vacilar para caerse, y parte de la fuerza salió en su persecución á la carrera, pero todo resultó inútil, pues ganando la trinchera insurrecta, que le protegió aumentando su fuego, logró ponerse á salvo en tanto que mis hombres tenían que replegarse, cediendo ante la energía del ataque.

Para que se pueda ir formando juicio de los arrestos y condiciones de aquel miserable, á quien Dios haya perdonado, baste decir por ahora que la ventana por donde consiguiera fugarse alcanzaba una altura total de tres metros, veinticinco centímetros, y que si por el interior pudo servirle como escalón el terraplén, que medía uno y medio, por la parte de afuera tuvo que pegar este salto estando herido, poco después de haberse hallado á punto de morir aplastado y cuando, sobre hallarse debilitado por la mala condición de los ranchos, debía de hallarse

11

con las piernas acardenaladas y entumecidas por los hierros de que acababa de librarse.

Para evitar que sus compañeros trataran de imitarle procedimos á construir una especie de cepo en el que les sujetamos por un pie á cada uno. Ya era tiempo de hacerlo, pues al reconocerlos vimos que también habían aflojado los grillos.

Hablé antes de un sentimiento de conmiseración hacia estos desdichados que á todos nos había impresionado viéndoles caídos, sangrientos y entre las ruinas del poco menos que derruído presbiterio. Debo decir ahora que aquel arranque de generosidad y de clemencia tuvo muy pronto que desvanecerse por completo, pues á la evasión realizada por el uno ó intentada por los otros, hubo que añadir la procacidad que alardearon estos últimos al asegurarles en el cepo, fiando acaso en que las revelaciones de su compañero fugado les darían en breve la revancha y la libertad apetecidas.

Por si esto no era suficiente, aquella misma noche Alcaide comenzó á gritarnos á todos, y á mí en particular, una serie de amenazas é insultos que hacían olvidar los que hasta entonces nos habían dirigido los mismos adversarios. Fué un chaparrón de injurias que demostraba toda la bilis de su pecho; un anuncio de represalias que denunciaba la villanía de su alma. Todos los desertores habían hecho lo propio, desahogando

en ultrajes su propia indignidad, pero éste los
dejaba tamaños, con la circunstancia notable de
que había en su acento algo que revelaba la fir-
meza en el cumplimiento de sus dichos.

El día 9 otro cañonazo de la batería del oeste
perforó el muro por cierto sitio donde habían
labrado una alacena que servía de archivo. El
proyectil rompió tres vigas del piso del coro, y
al estallar hizo añicos el facistol, hiriendo y con-
tusionando á varios soldados, entre los que recuerdo á Pedro Vila Garganté y Francisco Real
Yuste. Después de la capitulación, Alcaide se
vanagloriaba de ser él quien había hecho el disparo, aprovechando así la instrucción que reci-
biera en el arma de Artillería, donde hubo de
militar primeramente. También supimos que
había detallado á los jefes insurrectos la escasez
de mantenimientos que veníamos padeciendo,
enterándoles con exactitud de la miseria que
únicamente nos quedaba y de nuestro firme
propósito de refugiarnos en el bosque, primero
que rendirnos, si llegaba la extremidad á preci-
sarlo.

El hecho de que aquel hombre pudiera conocer todos estos pormenores, llevando encerrado
en el baptisterio los dos meses largos que se había llevado en él, me demostraron que algún
otro Judas les tenía bien al corriente de lo que
sucedía en el destacamento. Por fortuna lo supe
cuando ya no era tiempo de practicar informa-

ciones desagradables, cuando todo estaba cubierto y redimido por los actos visibles que ‘habían coronado la empresa, y pude sin peligro evitar el conocimiento de quien fuese; pero ello me corroboró una vez más lo falso del terreno que me sostuviera en la defensa, y lo mucho que tenía que agradecer á Dios y á la lealtad de la mayoría de mi gente.

Que Alcaide había participado mi resolución de irme al bosque no me cogió de nuevas cuando lo supe después de la capitulación, como ya he dicho, y no podía cogerme porque desde la noche siguiente á la del día de su fuga, no bien se quedaba todo en silencio, aquellas trincheras se convertían en un púlpito donde á voces nos sermoneaban que no hiciéramos semejante barbaridad; que pidiéramos parlamento; que su teniente coronel estaba deseando hablar conmigo, y que aceptaría cuantas condiciones le pidiera. Otras veces, y siempre insistiendo en sus consejos de que era una locura pensar en lo del bosque, nos decían que habíamos vuelto á ser todos unos para combatir á los americanos, que les habían hecho traición; que el general Ríos era su ministro de la guerra; que debíamos fraternizar, y así por el estilo. Debo añadir que todo esto nos lo predicaban en castellano, argumentándolo con razonamientos convincentes, pero tan persuadidos estábamos de sus artificios y mentiras que ningún crédito nos merecía todo ello.

Algo más atendible nos parecía la ruina de la torre. Sendos cañonazos habían hecho cascos tres de las cuatro campanas que tenía, desmontando la otra, con el estremecimiento derrumbador que puede imaginarse, y un pequeño atrincheramiento que habíamos apercibido en el campanario tambien lucía ya todo su parapeto destrozado. Era toda ella de madera con regular altura y no hay que decir como estaría de balazos ni por ende la conmoción de sus cimientos. Unicamente á fuerza de puntales habíamos conseguido sostenerla y estos puntales no daban ya la garantía suficiente porque al primer desvío que sufriera uno solo, cosa bien fácil dadas las referencias que podía suministrar Alcaide á los artilleros enemigos, no cabía duda que sobrevendría el hundimiento.

Peligroso era éste para el resto del edificio, pero como las circunstancias no abrían campo á dilatados calendarios, pues que, de una ó de otra manera, nuestra permanencia en la iglesia tenía que reducirse á pocos días, y como lo que principalmente nos importaba era utilizar la dominación de aquella torre, para la ofensiva y la vigilancia, tratamos ante todo de restablecerla en sus condiciones defensivas, colocando en refuerzo del aportillado parapeto un gran cajón lleno de tierra, lo cual tenía que hacerse á favor de la noche y procurando que no advertiese la operación el adversario.

Con tal propósito mandé hacer ruído como si estuviéramos de fiesta, y al centinela que vigilaba por el coro que rompiese á coplear, como si participara del jolgorio, á fin de llamar la atención por aquella parte. Quedó colocado el cajón tranquilamente y ya nos felicitábamos del ardid cuando á la siguiente mañana pudimos ver, con la natural decepción, que tampoco lo había desaprovechado el enemigo.

. Nada menos que dos trincheras, y á sólo unos veinte pasos del corral, había construído, utilizándose lo mismo que nosotros de la obscuridad y del ruído. Lo peor del caso era que una de aquellas trincheras, la de la derecha, nos dominaba la escalerilla de la torre, que por allí había quedado al descubierto cuando derribamos el convento.

Imitando en cierto modo el procedimiento de los defensores de Sebastopol, hice poner unas telas de catre tapando este boquete, pero aun así únicamente de noche podíamos relevar los centinelas, por el continuo fuego que sobre las telas granizaba, sucediendo en más de una ocasión que un cañonazo nos destruía la escalera y teníamos que improvisar otra de mano, aprovechando unas cañas muy largas y muy recias que habíamos arrebatado á los tagalos, de las que usaban para revestir sus aproches.

El día 19 de Mayo falleció de disentería el soldado Marcos José Petana, otro de los mártires

cuyos restos debían santificar aquellos cuatro
palmos de suelo tan ruda y sañudamente dispu-
tados. Recordando los alimentos que teníamos
y la falta de sal que padecimos durante todo el
sitio, la verdad es que parece milagroso, y ría-
se quien quiera, que no muriésemos todos de
igual enfermedad.

Las injurias del tiempo, las balas enemigas
y los embates del huracán y de la lluvia, des-
garraban muy á menudo la bandera, que ni un
solo momento dejó de ondear en lo más alto de
la torre. Conservarla en buen estado fué siempre
una de nuestras mayores preocupaciones, que
alguien tal vez calificará de quijotescas, y para
reponerla hubo que aguzar el ingenio. Afortunadamente las sotanas que habían usado los
monaguillos de la iglesia y algunas de las cortinas que servían para cubrir las imágenes, eran
encarnadas. Yo tenía un mosquitero de color
amarillo, y todo ello se utilizó en la renovación
perfectamente. Cuando lo creíamos necesario su-
bíamos de noche y mudábamos con verdadero
entusiasmo, bien sabe Dios que lo digo sin alar-
des, aquella enseña venerable que al día siguiente, flameando todavía más alta, parecía como
retar á los sitiadores y á un mismo tiempo ben-
decirnos á nosotros.

Cierto es que así no añadíamos ni un sólo
puñado de arroz á nuestros comestibles, ni un
cartucho más á nuestras municiones, pero no es

menos cierto que aquellas mudanzas nos caldeaban el espíritu y que al ver aquella gloriosa bandera cubriéndonos bajo la bóveda celeste, nos parecía que toda España se fijaba en nosotros y que nos alentaba con la esperanza de su agradecimiento y su recuerdo, si cumplíamos como buenos.

Y digo que nos parecía, porque recuerdo lo sentido por mí, al mismo tiempo que lo resplandecido en los ojos, arrasados á veces de aquellos hombres, que agonizaban á mis órdenes.

VII

FIN DE MAYO

Proyecto de salida. — Trabajos nocturnos. — Pared por
medio. — Utilidad del agua caliente. — Diecisiete
muertos. — Parlamento. — El Teniente coronel Aguilar. — Desconfianza natural. — ¿Vapor ó lanchón? —
Durmiendo la siesta. — Más hemos entregado en Zamboanga. — Que se retiren ellos.

Explorando el mar, angustiosamente solitario,
pasábamos las horas de aquel amargo epílo-
go, en el que veíamos desvanecerse la esperanza,
como las nieblas en el avanzar de la mañana.
Cada nuevo crepúsculo llevábase algo de nuestro vigor y nuestro aliento; cada noche nos in-
fundía más tristezas. El vapor no llegaba y la
situación era crítica. Mirábamos ya próximo el
tan funesto como inevitable desenlace, y en vano
pretendíamos aplazarlo: nada es ilimitado y nuestras fuerzas desaparecían por momentos.

Llegada la ocasión no había, pues, que perder
un sólo instante. Si el barco tan deseado apare-
cía teníamos que jugar sobre la marcha el todo

por el todo, llegar á él ó morir, y esto, repito, sin
dilación de ningún género. De lo contrario ya
no cabía otra resolución que la del bosque; irnos
allí ó rendirse, y para esto último eran muy grandes los sufrimientos padecidos.

Considerándolo así, tenía yo dispuesto que si
el vapor se presentaba, uno de los individuos
que supiera nadar, Chamizo Lucas por ejemplo,
cuya lealtad y resolución merecían toda mi confianza, saliera inmediatamente de la iglesia con
instruciones para el capitán expedicionario. La
principal dificultad estaba en llegar á la playa
sin que lo advirtiese el enemigo, pero evitando
sendas y lo descubierto del terreno, deslizándose
por entre la yerba y sabiendo pasar el río silen-
ciosamente, no era cosa imposible. Una vez en
el mar, tenía que seguir hasta el buque, hacerse
recoger á su bordo y, poniéndose de acuerdo
con el que lo mandara, rogarle á todo trance una
señal que se pudiera descubrir desde la torre ó
bien el disparar de un cañonazo. Otra indicación
expresiva debía noticiarnos si la tripulación disponía de fuerzas para llegar hasta donde nosotros aguardábamos, y otra, en caso contrario,
que nos hallásemos dispuestos para que, al si-
mular ellos un desembarco por una parte, con el
objeto de distraer á los del cerco, saliéramos acto
seguido por la opuesta, y arrollándolo todo, ga-
náramos un sitio donde se pudiera recogernos.
La empresa no dejaba de ser temeraria, mas ya

no había espacio para medir los inconvenientes
ni peligros.

El día 28, serían como las once de la noche,
me avisó el cabo de cuarto que se oía gente por
el corral; mandé que se levantase la tropa muy
de callada y que se colocara en acecho tras de
las aspilleras; cuando todo el mundo estuvo
en su puesto, subí yo mismo á lo más alto
de la pared medianera con el indicado lugar
y traté de reconocerlo. No había nadie al descubierto, pero el ruído era indudable, como si
raspasen la tapia y deduje que alguien debía de
haber oculto por la que dividía en dos patios el
citado corral, ó bien que afuera, muy arrimados
á la cerca, debían de trabajar en horadarla. Seguí observando hasta que pasado un buen rato
quedó todo en silencio. La noche, por lo clara y
tranquila, no dejaba recelos de que pudiera equi-
vocarme, pero no se distinguía si quedaba tala-
drada la cerca. Suponiendo lo peor, esto es, que
hubiesen hecho agujeros para dominar el sitio
donde teníamos el pozo, dispuse que se retirasen
á descansar los que no estaban de servicio, en-
cargué á estos últimos que me avisaran cualquier
incidencia sospechosa, y prohibí terminantemen-
te que nadie saliese al corral por la mañana,
mientras yo, como lo tenía diariamente por costumbre, no reconociese los alrededores de la
iglesia.

Con ser todas peores, aquella noche fué para

mí una de las más angustiosas del asedio. Abri-
gaba el convencimiento de que si en algunos días
no recibíamos auxjlio estábamos perdidos; el
desesperado recurso de refugiarnos en el bos·
que no me ofrecía más atractivo que un cambio
trágico en el desenlace de aquel drama. Estaba,
en realidad, hecho casi á la idea de que todo
había concluído para nosotros, y este casi reducíase á una vaga esperanza, la que alientan los
moribundos que agonizan. Deseábamos acabar
de una vez, y, sin embargo, aquel recelo de que
pudiéramos ser aniquilados por la fuerza, bajo
el pie de nuestros odiosos enemigos, oyendo las
injurias de nuestros villanos desertores, y allí,
en aquel recinto con tanto empeño y tanto cora-
ge defendido, era una cosa que martilleaba por
decirlo así en mi cabeza, helándome la sangre y
privándome de la serenidad que tanto había de
menester en aquellas circunstancias difíciles.

No bien amaneció, pude ver la certeza en mis
conjeturas de la noche. Una ventana que habíamos tapiado en la pared oeste del corral estaba
completamente aspillerada, y además nos habían
deshecho el urinario para hostilizarnos desde la
brecha resultante. Su propósito era, de conformidad con mis temores, no dejar que nos acer-
cásemos al pozo, á fin de que nos rindiera la sed.
¡Bien se advertían las confidencias del miserable
Alcaide Bayona! Y aún podíamos alegrarnos de
que nuestra previsión hubiera impedido algo

todavía más grave; que inutilizaran el pozo.
Afortunadamente lo teníamos bien tapado, cubierto de tablas y con una puerta encima, sobre
la cual poníamos latas vacías que hiciesen ruído,
caso probable de que alguno se acercara. Situado en frente se hallaba el centinela del coro,
dominando aquel sitio y con órdenes terminantes de hacer fuego, en oyendo algo que le
pareciera sospechoso. Debían de saberlo y por
esto no se atrevieron á más. Cuando fué completamente de día tocó su corneta fagina y nuestra contraseña, uno gritó ¡Naranjas! y los vimos
que se apercibían al combate. Figurándose que
no podríamos sacar agua para cocer las hojas
con que habíamos sustituído al café, por eso nos
gritaban aquello. Dispuse inmediatamente que
los mejores tiradores cubriesen las trincheras
que daban á este lado, para que al retirarse del
abrigo de la pared, aquella gente fuera bien des-
pedida, coloqué otros en la tapia (1) que dividía
el corral, á fin de neutralizar las dominaciones
enemigas, y yo me lancé con algunos soldados,
provistos de palas y otras herramientas, á cegar
estas mismas dominaciones ó boquetes. Conseguido esto y mientras los de afuera trataban de
agujerear nuevamente la cerca, mandé calentar
agua en dos vasijas de hierro que teníamos
grandes como calderas, y cuando la tuvimos hir-

(1) Que por fortuna estaba también aspillerada.

viendo, con una lata de las que habían tenido
carne de Australia, puesta en el extremo de un
palo, comenzamos á derramarla por encima del
muro sobre los que había del otro lado.

No pudo ser más satisfatorio el resultado, y,
aunque parezca impropio de los sentimientos de
humanidad, que siempre se anublan en situacio-
nes como aquella, debo añadir que la sensación
experimentada por nosotros no pudo ser más
grata. Como andaban casi desnudos percibíase al
caer del agua la quemadura de sus carnes, y su
chillar de ratas nos alborozaba grandemente. Corrían de un lado á otro, pero siempre arrimados
á la pared, evitando el ponerse á tiro, y nosotros,
por dentro, seguíamos junto á ellos propinándo-
les nuestras oportunas rociadas. Gritaban que si
les queríamos pelar como á gallos *(manós* en tagalo) y, burlándonos, les decíamos que si les resultaba demasiado caliente el café. Al mismo tiempo, desde lo alto del escusado, se les perseguía
con tiros de revólver. Uno, herido en el muslo,
dió en lamentarse á voces, y fingiendo cariñoso
interés le preguntábamos que si le molestaba.
Fué un trance inolvidable en el que la desesperación nos dió alientos y el mal causado tonificó
nuestras angustias. No pudiendo ya sostenerse
pedían á los de las trincheras más cercanas que
hiciesen fuego para favorecer su retirada; al es-
cucharlo mandé recado á los tiradores de las
mías que permaneciesen atentos á fin de que no

me dejaran escapar á ninguno, y también el éxito
nos dejó entonces completamente satisfechos,
pues huyendo á la desbandada, sólo dos pudieron
reunirse á los suyos, que tenían sus zanjas, re-
cuérdese que lo dije anteriormente, á cosa de 20
pasos de la iglesia. Diecisiete quedaron muertos,
según después nos manifestaron sus mismos
cómpañeros; y como esta victoria cierra los hechos de armas á que dió lugar el asedio, bien se
puede afirmar que lo coronamos dignamente.

Voy á ocuparme ahora en el penúltimo de los
parlamentos celebrados. En todos los anteriores
se nos había ofrecido una salida honrosa, y todos los habíamos rechazado sin hacer caso de la
penuria en que vivíamos; pero en éste ya se col-
maba la medida, un jefe del Ejército, que nos
decía traer documentos justificativos de su personalidad y cometido nos garantizaba una retirada tranquila y un viaje cómodo hasta la capital
del Archipiélago, nada más podía pedirse, y, en
cambio, nuestra situación había llegado á la extremidad más lamentable. ¿Por qué no transigi-
mos? Algo difícil me sería razonarlo: principalmente creo que fué por desconfianza y testarudez;
luego por cierta especie de autosugestión que se
había realizado en nosotros á fuerza de pensar
un día y otro día, un mes y otro mes, que de
ninguna manera debíamos rendirnos; en cierto
modo por la embriaguez de los entusiasmos nacionales, y sin duda ninguna de los atractivos

deslumbradores de la gloria; mucho por amor
propio, y con seguridad también por lo que ya
he observado alguna que otra vez, por aquel
acervo de sufrimientos padecidos, por aquel tesoro de sacrificios y heroísmos que á nuestros
propios ojos nos engrandecía, y que de modo
alguno, sin darnos cuenta de tan elevado sentimiento, por instinto no más, queríamos rematar
indignamente.

Pasada una hora, sobre poco más ó menos, de
haberse terminado el combate, hirió nuestros
oídos el toque de atención y vimos que nos pre-
sentaban la bandera española. Como nunca se
les había ocurrido enarbolarla imaginé que se
trataba de algún nuevo artificio para entretener-
nos y retirar los muertos que habían quedado
junto á los muros de la iglesia; pero como esto
nos convenía que lo hicieran y el hecho excita-
ba mi curiosidad, les grité que aceptaba la conferencia con tal que no avanzara sino el que
traía la bandera. Mostráronse conformes y se
adelantó un señor vestido con el uniforme de
Teniente coronel de Estado Mayor, que dijo llamarse D. Cristóbal Aguilar y Castañeda, comisionado por el general D. Diego de los Ríos para
recoger el destacamento.

No hay que olvidar el mucho tiempo que
llevábamos incomunicados; la porción de invenciones y estratagemas con que se había pretendi-
do engañarnos, y en particular, aquellos recien-

tes dichos que por las noches habían dado en
vocearnos, afirmando que Ríos era su Ministro
de la Guerra. No hay que olvidarlo por que todo
ello justifica mi natural desconfianza en esta ocasión. Difícil nos parecía desde luego que un general español pudiera formar parte del gobierno
separatista, pero como ignorábamos los acontecimientos ocurridos y daba la coincidencia
de atribuir á esta misma personalidad el encargo de retirarnos, haciéndolo á raíz de lo sucedido por la mañana, que mal se avenía con
semejantes órdenes, de las que ya debían de tener conocimiento por el campo insurrecto desde
antes de su fracasada intentona, creo que no me
faltaban motivos para dudar de la veracidad del
emisario; dudas que no podían menos de acrecerse á mis ojos en razón á los testimonios y documentos que procedentes de aquel general debían ofrecérseme.

Nos habían dicho asimismo que su Teniente
coronel estaba deseando hablarme, y esto fué
suficiente para que al ver yo al señor Aguilar
con sus dos galones dorados, le tomase por
aquel jefe, trajeado á su capricho con el uniforme
que ostentaba.

Enseguida que nos pusimos al habla y me dió
noticia de la comisión que le traía, me preguntó
si formaba en el destacamento algún soldado que
por haber estado en Mindanao pudiera conocerle. Respondí negativamente y añadí que allí

12

fuera, en las trincheras de que había salido, era con seguridad donde le sobrarían conocimientos personales. «Si duda usted me dijo, que soy el Teniente coronel Aguilar, puedo enseñarle documentos que me acreditan, y sacó un sobre grande.» «No es necesario, contesté, ¿para qué va usted á molestarse?» Guardó los papeles y continuó diciendo que tenía un vapor á su disposición (nosotros no habíamos visto ninguno) para conducirnos á Manila; que si deseábamos verle, indicásemos la parte del mar que se descubría desde la torre para mandarle cruzar por allí, haciendo la señal que nos pareciese mejor, á fin de convencernos. Repliqué admitiendo la oferta y pedí que le hiciesen bordear los Confites, disparando sobre la sierra un par de cañonazos; á lo que puso algunos reparos, considerando que los del sitio podían alarmarse y aduciendo que la nave sólo montaba una pequeña pieza de artillería. «Sí; le contesté sonriendo, esa que tienen ustedes ahí, ¿no es verdad? (señalando á la que poseía el enemigo)."

Tras de algunas otras palabras, convinimos por último en que á la siguiente mañana el vapor se dejaría ver donde yo había indicado (cerca de los Confites) y que largaría dos cañonazos.

Quedé verdaderamente perplejo. Las maneras y lenguaje del Sr. Aguilar evidenciaban la distinción de su persona. La soltura con que vestía el uniforme denotaba costumbre de llevarlo,

pero cuando, reparando todo esto, suponía yo
que ciertos detalles, como el de su inmediata presentación, después de la tentativa rechazada, y la
tranquilidad con que le había dejado llegar hasta nosotros aquella misma gente que no había
permitido el desembarco del anterior socorro,
me hacían dudar en la confusión de mis recelos.
Recordando, por otra parte, lo del general Ríos,
parecía explicármelo todo el hecho de que aquél
se hubiera podido pasar á los tagalos, fuese por
lo que fuese, pues claro está que alguien le ha-
- bría seguido y quizás Aguilar sería uno de tantos.

Con objeto de cerciorarme de si en realidad
había pertenecido al Estado Mayor, juzgando
por la impresión que le causara, pensé decirle,
cuando volviéramos á vernos, que si ya no era
reglamentario llevar atada la faja como antes,
pero desistí de la prueba por temor de que re-
sultase pueril y negativa.

En el concepto, pues, de que se trataba de una
farsa, y en la inteligencia de que algo harían para
seguir desarrollándola, previne á los de la torre
que me avisaran si oían algún disparo de cañón
ó veían el barco. Serían como las diez de la mañana del día 30 cuando sonó la primera detona-
ción. Subí corriendo, provisto de los gemelos,
y no había hecho más que llegar cuando sentimos la segunda, tan sonora y distinta que la creí
procedente de la playa. No tardó mucho en aso-
mar el vapor, marchaba por el sitio convenido,

alejándose y al parecer, en las aguas de la costa.
Viró luego hacia esta última y enseguida volvió
á girar retrocediendo en su camino. Engañados
por una ilusión óptica, fácil de comprender, si
se repara en la distancia que nos separaba del
mar y el boscaje que recubría esta distancia,
dimos en.figurarnos que iba navegando por
sitios donde apenas había fondo para cubrir hasta la cintura de un hombre. Nos habíamos baña-
do muchas veces en aquellos lugares y nos eran
muy conocidos. Unido esto á la facilidad con que
lo veíamos cambiar de rumbo nos hizo suponer
que debían de conducirlo á brazo algunos indios,
y en la obsesión que nos dominaba, tuvimos por
seguro que todo era comedia y aquello un lanchón teatralmente revestido y aparejado con el
fin de burlarnos. Tanto fué así que algunos soldados apostaban á que la chimenea era de nipa
y otros creían ver á los que tiraban del aparato.

Dieron las doce, y, viendo que no parecía el
Sr. Aguilar, dije á mis compañeros. «El enemigo
se propone que no descansemos la hora de la
siesta, para que á la noche nos rinda el sueño y
podernos dar el asalto. Veréis como ese Teniente coronel no viene hasta que cerremos la puerta (1)». Mandé á los centinelas que si se presentaba le contestaran que volviese á las tres y media,
por que yo me había echado á dormir. Así sucedió. Acababa de acostarme cuando llegó.

_____
(1) Todas las tardes la cerrábamos.

Le manifestaron lo que yo había prevenido, y aunque insistió en que me llamaran con urgencia, no tuvo más remedio que retirarse; pero á las tres me avisaron que ya estaba otra vez á la vista, y ordenando entonces al cabo que no abriesen la puerta me subí al coro á fin de reanudar la conferencia desde una de las ventanas, de igual manera que lo había hecho la víspera (1).

Comenzó preguntándome si habíamos visto el vapor. «Sí; señor, contesté, pero á quien se le ocurre que podamos ir en ese barco, teniendo que llevar los muchos víveres que todavía nos quedan, municiones, artillería y el abundante material de administración y sanitario que hay aquí reunido.» «Hombre, no, replicó, si eso no hay que llevarlo.» «¿Pues qué haremos con ello?» «Entregárselo á esta familia (por los del sitio).» «¿Entregárselo á esta familia?, repetí con asombro.» «Sí, hombre, sí, ¿lo extraña? Pues si hubiera usted visto lo que nosotros hemos entregado en Zamboanga...

Me volví á los soldados, que me rodeaban escuchándonos, y dije por lo bajo: «¿Véis? la misma música de siempre; lo que desean es el armamento.» «¿Quiere usted que lo mate, mi teniente?, preguntóme uno requiriendo su fusil.» «De ninguna manera, me apresuré á decir conteniéndole; se puede no recibir á los parlamentarios, pero de ninguna manera cometer un

(1) Sin sacar la cabeza.

asesinato, que podría tener además gravísimas consecuencias.

Continuó el Sr. Aguilar tratando con eficacia de reducirme á sus deseos y haciéndolo, dicho sea de paso, en tales términos que no pude menos de decir á mis oyentes, luego que se marchó. «¡Es una lástima que un hombre como éste se haya pasado á la insurrección!»

Me pidió que le permitiera sacar una vista de la iglesia (1) porque había ido con él un fotógrafo de Manila; negándome á ello por considerarlo prohibido, en lo cual estuvo conforme, pero añadiendo, con alguna impaciencia, que no tenía razón de ser nuestra obstinación porque ya no era nuestro aquel territorio y porque de semejante locura sólo podía resultar una catástrofe.

¿Y es razón, contesté, para terminar, le parece á usted bien que dejemos entrar aquí á los insurrectos para que nos degüellen? Ellos me han atacado y siguen atacándome, yo por mi parte me limito á defenderme. Si está hecha la paz que den el ejemplo ellos retirándose los primeros. Diga usted al general que tengo aún comida para tres meses (la víspera se me había concluído el arroz y no me quedaban más que unas latas de sardinas), si transcurridos éstos no ha venido algún buque de guerra ó fuerzas españolas en busca de nosotros, me iré á presentar en Manila

_____
(1) Y del destacamento.

con la gente que pueda salvar, y tarde lo que tarde por los rodeos á que me vea precisado.

Terminó preguntándome si viniendo el general Ríos obedecería sus órdenes; dije que sí, que las obedecería sin reparos, y se marchó dejando en el suelo un paquete de periódicos.

Allí, cifrada en la breve noticia que menos era de suponer, estaba el punto final de aquel calvario.

VIII

ÚLTIMOS DÍAS

Al bosque.—Preparativos.—Fusilamiento ineludible. —
Los del asedio extreman su vigilancia. — Saldremos
á la fuerza. — Noticia inesperada. — ¿Capitulamos? —
Voto de confianza.—Parlamento. — Dictando condiciones.—Acta de capitulación.--Ojeada retrospectiva.

Al decir yo que obedecería las órdenes de don
Diego de los Ríos, si él acudía personalmen-
te á dármelas, no me inspiraba otra idea que la
de ganar algunos días. Tenía pleno convencimiento de que se me trataba de burlar, y ya dejo
expuesto como se había ido laborando en mi
cerebro juicio tan desdichado, en el cual acabé
de ratificarme y afirmarme oyendo á los frailes
retenidos por el difunto Las Morenas, que bien
podía ser cierto lo del Ministerio de la Guerra,
pues creían haber oído que dicho general estaba
casado con una filipina.

Mientras le avisan y viene, calculaba yo, se pasa
una semana, durante la cual nos dejará tranqui-
los esta gente. Aprovechando la calma nos larga-

mos al bosque, y cuando menos lo esperen se
hallan con la iglesia vacía, porque después de
todo, si nos consideran engañados y resueltos á
capitular, no es muy difícil que descuiden la
vigilancia y podamos tomar las de Villadiego sin
tropiezo.

Luego que se retiró el Sr. Aguilar mandé recoger el paquete de periódicos y nos pusimos á
confrontarlos detenidamente con otros que por
casualidad poseíamos. Recuerdo que la más importante de nuestras comparaciones tuvo por
objeto varios números de *El Imparcial,* entre los
cuales no pudimos hallar otras diferencias que
las naturales de redacción. Mucho nos maravilló
la semejanza tipográfica, lo exacto del tamaño y
aún la calidad del papel; mas recordando la
notable destreza que tienen para la imitación
aquellos insulares, decía yo, al reparar en todo
ello; «Nada; como estos *chongos* disponen de materiales á propósito, se han dedicado á copiar
nuestros diarios en el afán de que nos trague-
mos el anzuelo.» Sucede con la desconfianza lo
mismo que suele ocurrir con el entusiasmo y con
el miedo, os contagiosa y ninguno de mis hombres deseaba la rendición. Acabamos, pues, en
lo que menos hubiera podido suponerse, dentro
de lo racional y ordinario; en reputar de apó-
crifos todos aquellos papelotes, desdeñar su lectura, no hacerles caso y apercibirnos para la
evasión que meditábamos.

Mandé primeramente quitar dos lámparas que
había colgadas ante otros tantos altares de la
iglesia, y preparar cuidadosamente los cordeles,
que debían servirnos para el paso de los muchos
ríos que seguramente hallaríamos. Algunos individuos no sabían nadar, y yo había proyectado
que al llegar ante una corriente invadeable la
cruzara un buen nadador llevando él un extremo de aquellas cuerdas y el encargo de ama-
rrarlo, ganando la opuesta margen, á un árbol
ó piedra que ofreciese la conveniente resistencia.
Sujetas de nuestro lado en igual forma, y esta-
blecida la necesaria tirantez, pasaría el destacamento cogiéndose al pasamanos resultante. Otro
nadador cerraría la marcha, y cuando todos hubiéramos salvado el obstáculo, desharía el ama-
rre y se nos reuniría fácilmente.

Dispuse también que se hiciesen abarcas, á fin
de sustituir las inútiles y calzar á los que no
tuviesen ninguna, con las carteras y correajes
de los muertos; fijé la salida para la noche del
1.º de Junio, y en la mañana de este día procedí
á quemar todos los fusiles sobrantes, más un
Remington y un rifle que habíamos hallado en
la Comandancia militar; distribuí las municiones
que aún quedaban, entregué á cada cual una
manta nueva, y en uso de las atribuciones que
me conferían los artículos 35 y 36 del Código de
Justicia Militar, cediendo, muy contra mi voluntad y sentimientos, á la presión de las circuns-

tancias, mandé fusilar inmediatamente al cabo
Vicente González Toca y al soldado Antonio
Menache Sánchez, convictos y confesos del delito
de traición en puesto sitiado ó incursos además
en la pena de muerte ordenada por el Capitán
general del Archipiélago, D. Basilio Augustí, en
su bando terminante del 23 de Abril de 1898.

La ejecución se realizó sin formalidades lega-
les, totalmente imposibles, pero no sin la justifi-
cación del delito. Era una medida terrible, dolorosa; que hubiera yo podido tomar á raíz del
descubrimiento de los hechos, y que hubiese
debido imponer sin contemplaciones cuando la
intentona de fuga; que había ido aplazando con
el deseo de que otros la decidieran y acabasen,
pero que ya era fatal y precisamente ineludible.
Mucho me afligió el acordarla; busqué un res-
quicio por donde poder librarme de semejante
responsabilidad, y no pude hallarlo sin con-
traer yo mismo la de flojedad en el mando, y,
sobre todo, la muy grave y suprema de compro-
meter nuestra salvación al retirarnos. Fué muy
amargo, pero fué muy obligado. Procedí serena-
mente, cumpliendo mi deber, y por esto, sin
duda, ni un solo instante se ha turbado jamás la
tranquilidad de mi conciencia.

Para evitar que los enemigos pudieran aprovechar resto ninguno de los armamentos des-
truídos, hice poner el herraje, antes que los
cadáveres de los fusilados, en el hoyo que se

hubo de hacer para enterrarlos, y las piezas me-
nudas fueron tirándose por los alrededores de la
iglesia. Con esto quedamos aguardando la noche. Mis soldados, tanta era su necesidad, rasa-
ron aquel día todo lo comestible, hojas y tallos,
que aún había en nuestras pequeñas plantaciones, y aunque la empresa era de las que sólo
pudo aconsejar nuestra deseperación extremada, todos evidenciaron su impaciente alegría
porque llegase la hora y abandonar aquella
posición lúgubre, donde ya no faltaba, para estar en carácter, ni siquiera el horror de un
triste cementario de ajusticiados.

Obscureció por fin y con el reposo nocturno
vimos que se aumentaba de una manera extraordinaria la vigilancia por las trincheras insurrectas. No había luna, pero el cielo estaba completamente despejado y vertía claridad suficiente
para que no pudiéramos evadirnos sin ser inmediatamente descubiertos. No hubo, pues, más
remedio que hacer de tripas corazón y dejar
nuestra marcha para la noche venidera, con la
esperanza de que nos favoreciese algún descuido
y la firme resolución de que, si no conseguíamos
desfilar inadvertidos, cargaríamos desde luego
sobre la parte mejor fortificada, esto es, por
donde menos era de suponer que buscáramos
la salida. Con tal propósito hice jurar á todos
que si alguno, desgraciadamente, quedaba en
manos del enemigo, no diría palabra ni haría

gesto que pudiese indicar la dirección por donde fuéramos (1).

A la mañana siguiente, no bien amaneció, volví á repasar los periódicos. Toda la noche había estado preocupándome lo extraño del asombroso parecido con que habían logrado hacerlos; pero algo instintivo me aconsejaba su lectura. Sin esperanza, pues, de que se desvaneciesen mis recelos, comencé á ojear sus columnas, maravillándome la imaginación que se había gastado en ellas, con el intento de reducirnos y engañarnos. Admirándolo estaba, cada vez á mi juicio más penetrado en lo habilidoso de la obra, cuando un pequeño suelto, de sólo un par de líneas, me hizo estremecer de sorpresa. Era la sencilla noticia de que un segundo teniente de la escala de reserva de Infantería, D. Francisco Díaz Navarro, pasaba destinado á Málaga, pero aquel oficial había sido mi compañero ó íntimo amigo en el Regimiento de Borbón; le había correspondido ir á Cuba, y yo sabía muy bien que al finalizarse la campaña tenía resuelto pedir su destino á la mencionada población, donde habitaba su familia y su novia. Esto no podía ser inventado. Aquellos papeles eran, por lo tanto, españoles, y todo cuanto decían verdadero. No era, pues, falso que se habían perdido las Colonias; que habíamos sido villanamente despojados; que aquel pedazo de tierra que ha-

_____

(1) Dirección que todos ignoraban.

bíamos defendido hasta la insensatez, ya no era
nuestro, y, como decía el Sr. Aguilar, ya no
tenía razón de ser nuestra obstinación en con-
servarlo.

Aquello fué para mí como el rayo de luz que
ilumina de súbito la mortal cortadura en que
íbamos á caer precipitados. Al retirarme deses-
peradamente al bosque no estaba en mis propósitos quedarnos en él como los salvajes igorrotes,
y lo de llegar á Manila sabía yo muy bien que
era empresa tan imposible como la de subir
hasta las montañas de la luna; pero esperaba
ganar la costa, quedar allí en cualquiera refugio
solitario esperando el crucero de alguno de
nuestros barcos de guerra, que desde lo del
Yorktown me figuraba que navegarían libremente, llamar á tiros ó izando una bandera muy
grande, que al efecto habíamos arreglado con
los restos de los materiales disponibles, la atención del primero que acertase á pasar y hacer
que nos recogiera y nos salvara. El desastre
ocurrido, que ya no me ofrecía duda ninguna,
desvanecía también esta última esperanza, y llevar mis soldados á las espesuras de los bos-
ques, era como entregarnos miserablemente á
la muerte.

No hallé pues, más remedio que la capitulación y acto seguido hice reunir á la gente,
conté lo sucedido y les manifesté sin rodeos que
me parecía llegado el momento de pactar con el

enemigo. Algunos de aquellos valientes, con los
ojos arrasados en lágrimas, todavía no se mos-
traban convencidos, y otros me argumentaron
«que se hallaba muy reciente lo del agua hirviendo y que nos iban á quemar vivos.» Aho-
gándome también de llanto y de coraje insistí
en convencer á los primeros de que ya no nos
quedaba otro puesto de salvación, y para desvanecer los temores que aducían los otros, muy
fundadamente por cierto, les vine á contestar lo
siguiente:

«El Teniente coronel Aguilar es indudablemente el jefe de las fuerzas que nos rodean.
Desde luego habéis advertido que parece persona distinguida y muy perito en cuestiones militares. Creo lo mismo y tengo la seguridad, por
lo tanto, de que no ha de permitir se maltrate á
quienes únicamente merecen, como nos ocurre
á nosotros, el calificativo de beneméritos soldados, víctimas del amor á la Patria. Lo tenaz de
nuestra defensa está fundada en el riguroso
cumplimiento de lo prevenido en el Reglamento
de Campaña, en el Código de Justicia Militar y
en el del Honor; en nuestras Ordenanzas y en los
Bandos, por último, del Capitán general del Archipiélago, Sr. Augustí: no hemos hecho, pues,
otra cosa que cumplir con nuestros deberes lealmente; dando, si acaso, un ejemplo más digno
de admiración que de castigo, y finalmente,
aunque no lo consideren así, yo soy después de

todo el único responsable de cuanto ha sucedido y yo sólo he de ser quien pague, máxime habiendo mandado quemar los armamentos.

— Pues entonces, me respondieron, haga usted lo que mejor le parezca; usted es quien lo entiende.

Les hice inmediatamente una brevísima nota de las condiciones en que debíamos capitular, proponiéndoles que si no eran aceptadas saldríamos á muerte ó á vida, como Dios nos diese á entender, y habiéndolas aprobado por unanimidad, mandé al instante enarbolar bandera blanca é hice al corneta que tocase atención y llamada. ¡Momento inolvidable!

Se adelantó enseguida uno de los centinelas insurrectos y le grité que llamase al Teniente coronel Aguilar. Poco después un comandante, indígena también, se aproximó y nos dijo que ya no estaba con ellos aquel jefe, pero que al punto venía su Teniente coronel, que había quedado acabándose de vestir y era quien mandaba en el campo.

Tampoco se hizo esperar este último señor, y cuando estuvo al habla le participé nuestros deseos, pero apercibiéndole con estas palabras terminantes:

— No se figuren ustedes que me encuentro con el agua al cuello; todavía me quedan víveres para unos días, y si no acceden ustedes á las bases que pienso proponer, tengan por muy seguro

13

que antes que rendirme con otras me marcho al bosque asaltando las trincheras.

Me contestó que formulase la capitulación en los términos que yo tuviera por conveniente, siempre que no fuesen denigrandes, para ellos, y expontáneamente me dijo que se me permitiría la conservación de las armas hasta el límite de su jurisdicción, donde las entregaríamos. Tan generosa oferta, que simboliza el honor más distinguido que se puede hacer en semejantes ocasiones, desvaneció en gran parte nuestros recelos, y no hay que decir si la hubiésemos aceptado con entusiasmo, pero yo que veía por momentos decaer á mi gente, cuyas fuerzas parecían abandonarles según íbamos llegando á la solución del arreglo, comprendí lo imposible de que pudiéramos hacer una sola jornada llevando aquellas armas, las cuales, además, podían servir de pretexto para cualquiera tropelía, y no quise admitir la propuesta.

Extendí, pues, el acta siguiente, que fué aceptada sin vacilación ni discusiones:

En Baler, á los dos días del mes de Junio de mil ochocientos noventa y nueve, el 2.º Teniente Comandante del Destacamento Español, D. Saturnino Martín Cerezo, ordenó al corneta que tocase atención y llamada, izando bandera blanca en señal de Capitulación, siendo contestado acto seguido por el corneta de la columna sitiadora. Y reunidos los Jefes y Oficiales de ambas fuerzas transigieron en las condiciones siguientes:

PRIMERA. Desde esta fecha quedan suspendidas las hostilidades por ambas partes beligerantes.

SEGUNDA. Los sitiados deponen las armas, haciendo entrega de ellas al jefe de la columna sitiadora, como también los equipos de guerra y demás efectos pertenecientes al Gobierno Español.

TERCERA. La fuerza sitiada no queda como prisionera de guerra, siendo acompañada por las fuerzas republicanas á donde se encuentren fuerzas españolas ó lugar seguro para poderse incorporar á ellas.

CUARTA. Respetar los intereses particulares sin causar ofensa á las personas.

Y para los fines á que haya lugar, se levanta la presente acta por duplicado firmándola los señores siguientes: El Teniente Coronel Jefe de la Columna sitiadora, Simón Tersón.=El Comandante, Nemesio Bartolomé. = Capitán, Francisco T. Ponce. = Segundo Teniente Comandante de la fuerza sitiada, Saturnino Martín. = El Médico, Rogelio Vigil.

Así terminó el sitio de la iglesia de Baler, á los 337 días de iniciado, cuando ya no teníamos nada comestible que llevar á la boca, ni cabía en lo humano sostener uno solamente su defensa.

Nada hubo de faltarnos en aquel humilde recinto, preparado no más que para escuchar la plegaria religiosa, ni las inclemencias del cielo, ni el rigor del asedio, ni los golpes de la traición y la epidemia. El hambre con su dogal irresistible, la muerte sin auxilios, y el aislamiento con su abrumadora pesadumbre, la decepción que abate las energías más vigorosas del espíritu, y el desamparo enloquecedor que desconsuela, todo concurrió allí para sofocarnos y rendirnos.

Mucho supone con el fragor de la batalla el ataque á la batería formidable; mucho el cruzarse con las bayonetas enemigas, pero aún hay algo más de pavoroso y de irresistible y de difícil en la tenaz resistencia del que una hora y otra hora, un día y otro día, sabe luchar contra la obsesión que le persigue, sostenerse tras la pared que le derriban, y no ceder á los desfalle- cimientos del cansancio.

Tal es el mérito de los defensores de Baler, de aquella pobre iglesia, donde aún seguía flameando la bandera española, diez meses después de haberse perdido nuestra soberanía en Filipinas.

Los que hablan de fantasías, que mediten; los hombres de corazón, que lo avaloren.

DESPUÉS DEL SITIO

I

Medidas previsoras. — Consideraciones del sitiador. — Noticias alarmantes. — En marcha. — Rectificación debatida. — Protección de Aguinaldo. — Tentativa de asesinato.

CUANDO firmada la capitulación, hubimos de franquear las puertas de la iglesia, dejar las armas y confiarnos á nuestros enemigos de la víspera, nos pareció salir, no diré despertar, de una pesadilla congojosa. Fué algo así como el que por espacio de mucho tiempo ha tenido que arrastrarse por una galería subterránea, cada vez más angosta, y sale de improviso á otro lugar menos apretado y tenebroso, donde puede andar más desahogadamente, pero no todavía con el respiro y la claridad que necesita.

Aunque terminado el asedio no podíamos entregarnos á la tranquilidad y el descuido. Se había firmado un convenio por el que se garantizaban nuestra libertad y nuestras vidas; pero

nos hallábamos entre fuerzas irregulares muy
lastimadas por nosotros, en las que debíamos de
tener irreconciliables enemigos; donde formaban
algunos villanos desertores, gente de la que todo
era de temer á la primera oportunidad, y teníamos que vivir muy alerta. Por de pronto, y en
previsión de que lo del fusilamiento pudiese motivar alguna violencia, pedí á Vigil que me cer-
tificase la defunción de González Toca y Menache, como víctimas de la disentería en dos fechas
distintas, encargando á mis hombres que ase-
verasen esto mismo hasta encontrarnos con seguridad entre los nuestros.

Para evitar la pérdida de 223 pesos con 50
centavos que teníamos de la Comandancia Militar, y de cuya existencia podían tener conocimiento los insurrectos, pues habían cogido la
documentación correspondiente, firmé un resguardo con la data muy atrasada, suponiendo
que los había recibido para el abono de los soco-
rros á la tropa, y no descuidando tampoco la
responsabilidad que pudiera caber á Las Morenas, si al ajustar sus cuentas suponía la Administración española que había percibido la recaudación de las cédulas personales, rogué que
se me diesen las oportunas relaciones de lo co-
brado en los tres últimos meses que tuvo á su
cargo la referida Comandancia; solicitud á la que
asintieron desde luego, facilitándome además
una copia del resumen de las cédulas sellos y

papeles sellado vendido, efectos con cuyo so-
brante se quedaron.

Las cosas, por lo tanto, no parecían ir mal
orientadas. Comisionado el presidente local, An-
tero Amatorio, para que se hiciese cargo de una
porción de legajos, también de la Comandancia,
que al encerrarnos se trasladaron á la iglesia y
de todo cuanto había en esta última, cumplió su
encargo con las mayores atenciones. El tal presidente, que sustituía bajo las autoridades tagalas, al que nosotros llamábamos Capitán municipal ó gobernadorcillo, dió también orden á la
gente de Baler que se hallaba en las sementeras
más cercanas para que acudiesen con víveres y,
sin alteración de los precios ordinarios, nos ven-
dieran lo que pidiésemos. Nadie á primera vista
nos manifestaba odio ninguno. Por el contrario;
las fuerzas del sitio y los habitantes del poblado
nos felicitaban por el tesón con que habíamos
resistido, asegurando que todos ellos hubieran
hecho lo propio y que habíamos cumplido con
nuestro deber. Se afanaban por vernos y nos
contemplaban con asombro, pudiendo asegurarse que fueron muy pocos los que dejaron de ir á
la iglesia para saludarnos y admirar la forma en
que nos habíamos atrincherado.

Comparando aquella demostración de simpatías con la villana conducta que luego se hubo
de observar con nosotros, bien puede suponerse
que tanto agrado y tan afectuosas demostracio-

nes fueron sólo debidas á la impresión que pro
dujimos ¿Cuál nos verían que, aún los mismos
cuyas viviendas habíamos quemado, no hallaron
más que frases de ánimo y de conmiseración
para nosotros!

Por esto duró poco el efecto, y pasados los
primeros momentos pudieron ya laborar, contra
mí sobre todo, los miserables que dejaron de
compartir aquella lástima. No tardó, pues, en
llegar á mi noticia que uno de los oficiales de la
columna sitiadora, Gregorio Expósito, desertor
español que había servido como sargento en el
regimiento de Infantería núm. 70, puesto de
acuerdo con Alcaide Bayona, se dedicaban á re-
cabar de mis soldados que se fuesen al Teniente
coronel insurrecto para querellarse de que yo
los había tenido muertos de hambre, obligándo-
les contra su voluntad á la defensa y despreciando-
do sus ruegos suplicándome, por Dios, que
capitulase á todo trance. A esta cizaña mezclaban
torpemente ciertas halagüeñas proposiciones y el
anuncio de graves peligros si no me abandonaban. Alcaide les decía: «El teniente Martín ha
quemado los fusiles y no sabe que le van á quemar á él los huesos.»

No me sorprendió la noticia porque desde
luego había supuesto que sobre mí vendrían
todas las iras y los rencores enemigos. Lógico
era también que los más interesados en perder-
me fuesen aquellos mismos traidores que se ha-

bían huído á los enemigos de su patria. Mi
muerte no podía menos de convenirles bajo muchos conceptos, y por este motivo tampoco me
debía extrañar ninguna de sus criminales tentativas, ninguno de sus golpes.

Entre los insurrectos se hallaba un soldado,
natural de Canarias, que habiendo caído prisionero fué destinado como asistente á las órdenes
del Teniente coronel D. Celso Mayor Núñez, capitán desertor de nuestra Infantería. Este señor
había ido á Baler con buena provisión de cartuchos de dinamita para volar la iglesia, pero no
consiguiéndolo, tuvo que retirarse con las ganas
de hacerlo y dejándose al ordenanza, que hubo
de caer enfermo. Yo tenía en el destacamento
dos individuos, uno como asistente mío, procedentes de Canarias también, y en cuanto depu-
simos las armas, aquel se unió á ellos con la
fraternal amistad que acerca en países lejanos á
los que han nacido en la misma región ó provincia. «Tenga usted mucho cuidado, mi teniente — me dijo el buen muchacho, — porque un
día he sorprendido al Teniente coronel hablando
con el Comandante y decían que si llegaba usted
á capitular sería muerto en el camino, para qui-
tarle unos cuantos miles de pesos que, según
dice Alcáide, tiene usted en su poder, y muchas
alhajas (1). Tampoco debe usted fiarse de su

(1) Las modestas alhajas que yo guardaba de mi di-
funta esposa.

antiguo asistente, Felipe Herrero López, que no le quiere bien, y, con muy buenas palabras, tiene muy mala entraña.»

Influído por estas noticias y el justificado recelo que ya me desvelaba, pueden colegirse los ánimos con que yo saldría de Baler el día 7 de Junio por la tarde. Acompañábame todo el destacamento y nos daban escolta las fuerzas sitiadoras. Los jefes de estas últimas habían tenido conmigo deferencias; mi gente, sin embargo, de los buenos oficios de Alcaide y su colega, me había demostrado lealtad y cariño, pero el camino era muy largo y solitario; las dificultades á vencer numerosas y muchas las ocasiones de un tropiezo. Mis ojos, siempre vigilantes, y mi oído en acecho no me dejaban duda, por visibles indicios, de que algo se iba tramando contra nosotros.

Aquella noche pernoctamos en San José de Casignán y al otro día franqueamos los Caraballos, pasando un río setenta y dos veces, tal era la madeja que trazaba en su curso verdaderamente inextricable, y por cierto que al vadearlo se hubo de hacerlo en grupos porque á los individuos sueltos los arrastraba la corriente. Llegamos por la tarde á un barrio llamado Mariquí, permaneciendo allí hasta la siguiente mañana, en que salimos para Pantabangán, á donde llegamos temprano, alojándose mis soldados en la iglesia.

El Médico y yo nos acomodamos en una' de las mejores casas del poblado, que tuvieron la dignidad de reservarnos. Parecía un hotelito, con un jardín y su verjita de madera. Como había el propósito de que nos reparásemos allí dos ó tres días, tuvieron además la notable deferencia de poner á nuestro servicio un muchachito que se había criado en casa del cura y chapurreaba el castellano. Todo esto, en realidad, era muy digno de agradecerse y estimarse; pero, como pronto advertimos, no tenía más objeto que allanar el terreno para la informalidad que proyectaban.

Debo decir, sin embargo, que á pesar de mis recelos no suponía yo que salieran por el registro que salieron. Cualquier mal trato no me hubiera sorprendido, aquello sí, porque no me lo esperaba. Sucedió, pues, que al día siguiente los jefes insurrectos le indicaron á Vigil, para que me lo hiciera saber, la necesidad y conveniencia de modificar la regla tercera del acta de capitulación, haciendo constar en ella que si *no quedábamos como prisioneros de guerra era* **en consideración á que había cesado la soberanía española en Filipinas.** Imagínese lo que me indignaría el subterfugio. Después de haberme ofrecido expontáneamente que se nos dejarían las armas y de haberlo yo renunciado; trás de pactar nuestra libertad sin discusiones, como ganada por la tenacidad en la defensa, querían ahora rectificar

nuestro convenio, dando por derivado lo que
debía considerarse como premio. Esto era un
atropello y así lo dije al Teniente coronel y Comandante cuando nos avistamos. Arguyéronme
que se hacía necesario para evitar los reparos
que seguramente opondría su Gobierno, y conducirnos sin detenciones á Manila. Contesté, du-
plicaron, y acabé por acalorarme de tal modo
que tiré al suelo el acta gritándoles que se apro ·
vecharan de la fuerza. Luego de rehacerla me la
enviaron á firmar y me quedé con una copia.

Es de notar que durante todo el viaje no habían cesado de recibir despachos de Aguinaldo,
recomendando que se nos facilitara cuanto necesitásemos, guardándonos las mayores consideraciones, «porque el enemigo cuanto más vale-
roso — frase textual — más digno es de respeto,
y que por todos los medios posibles se vigilase
nuestra seguridad, de la que serían responsables los que nos conducían» ¡Pero ya estaba buena la subordinación de aquella gente!

El 11 por la tarde nos invitó el Comandante á
dar un paseo; salimos Vigil y yo acompañándo
le, y al llegar á un sitio donde había tres ó cuatro caballos, nos dijo: «Aquí tienen ustedes sus
monturas (1) para mañana, pues vamos á conti-

_____

(1) Nos facilitaban caballos para los soldados que no
podían andar, para Vigil y para mí, con los hombres
necesarios para conducir nuestros equipajes, pues así lo
habíamos convenido.

nuar á Bongabón.» Hablamos de otras cosas in-
diferentes y al caer el día nos retiramos á nuestro alojamiento, bien ajenos de lo que pocas
horas después había de ocurrirnos.

A los jefes insurrectos les daba todas las noches serenata la música del pueblo, durando el
jolgorio hasta la madrugada. Molesto con el
ruído, me desperté aquella noche, cerca ya de
las doce, no pudiendo estar acostado me dió la
ocurrencia de asomarme á una ventana. Reparando estaba lo solitario de la calle, obscura y
silenciosa, cuando advertí que, del sitio de donde tocaba la música, llegaba un individuo que
me pareció Herrero López y traía la dirección
de nuestra casa.

Para entrar en ella había que dar la vuelta, y
viendo que así lo hacía el inesperado visitante,
dije para mi sayo: «Veremos que trae éste.» La
vivienda se componía de dos departamentos separados por un tabique divisorio sin otra comunicación que una puerta, cerrada entonces, y
que chirriaba mucho al abrirse. Me volví á la
cama (1) esperando que si alguien trataba de
pasar á mis habitaciones no dejaría de anunciar-
lo dicha puerta, y á los pocos momentos co-
mienzo á sentir pasos de varios hombres en el
primer departamento. Inútil es decir si tendría

(1) Situada en un cuartito pequeño del segundo departamento.

yo mis facultades en acecho, pero no tuve que
aguardar mucho rato para dar con la solución
de aquel misterio. De pronto noto que encien
den luz en las habitaciones que ocupaba Vigil
con dos ó tres soldados que teníamos de ordenanzas, percibo rumor de lucha, disparos, golpes, y advierto que saltan por las ventanas á la
calle. Desarmado como estaba, requería inútilmente los muebles y rincones, buscando alguna
cosa con que acudir en auxilio de mi amigo,
cuando veo á dos hombres (1), con sendos ma-
chetes, que se vienen hacia la puerta de mi
cuarto y tengo á mi vez que arrojarme por la
ventana, con tal mala fortuna (2) que me disloco
el pie derecho, y no pudiendo seguir adelante
porque se doblaba el talón, no tuve más remedio que sentarme á favor de uno de los rincones
que formaba el cercadito de la casa, y esperar
allí lo que al Señor fuera servido.

Hé aquí ahora lo que había pasado en las habitaciones del Médico: uno de les referidos soldados, por su robustez y estatura, se parecía
bastante á mí, y á él fué á quien se abalanzaron
primeramente, cogiéndole del cuello. Hombre
forzudo se había desasido á trompazos, derri-
bando á sus agresores, y aprovechándose de que

(1) Estos no tuvieron que abrir la puerta de comunicación porque valiéndose de una escalera entraron
por las ventanas, que se hallaban abiertas.
(2) Mala fortuna que fué mi salvación.

las persianas estaban levantadas, había saltado afuera precipitadamente, lo mismo que sus compañeros, porque los bandoleros comenzaron á tiros y machetazos, resultando el muchacho de Canarias, que había sido asistente de Celso, con la nariz partida de un tajo y salvo milagrosamente de un balazo que le soltaron á quemarropa. Mi asistente, que dormía en mi alcoba, también tomó como puerta la ventana, y á ésto debí mi salvación, pues los asesinos corrieron tras ellos y no se fijaron en mí.

Estando con las angustias que pueden suponerse veo pasar al jovenzuelo indígena que teníamos de sirviente, le llamo y digo: «Vete corriendo á casa de los jefes y les dices de mi parte que vengan enseguida.» Acabar este recado y verlos que se acercaban todo fué uno. Salgo á su encuentro, y me pregunta el Comandante: «¿Qué le ha pasado, teniente Martín, lo han herido á usted?» Respondí que sólo tenía un pie dislocado, y nos dirigimos á la casa.

Yo iba delante, dando saltos y sufriendo violentos dolores al moverme. Subimos y veo que la puerta de comunicación entre ambos departamentos continuaba cerrada (1), la franqueo de un golpe y nos encontramos á Vigil tendido en el suelo y amarrado fuertemente; no era esto sólo, detrás de la puerta y escondido en un rin-

_____

(1) Ya he dicho el porque no tuvieron que franquearla

cón descubro á un salteador, me abalanzo á él
y, cogiéndole de un brazo, le grito á mi asistente y á otro de los míos que venían con nosotros,
que le sujeten para que no pueda fugarse; pero
el Comandante se apresura á decirme: «No; mejor
será entregárselo á estos soldados míos que vienen armados.» Acatamos la indicación y enseguida que lo tienen los otros le dejan que se lar-
gue, produciendo gran confusión y disparando
algunos tiros al aire para dar á entender que. se
les había escapado. Recordando aquella burda
comedia todavía me agitan estremecimientos de
coraje.

Ni el mismo Job creo que hubiera sufrido con
paciencia burla tan manifiesta. No bien desapareció el prisionero comenzó á lamentarse aquel
divinio comandante porque *si no se hubiera marchado habría denunciado á sus cómplices.* Desoyendo
toda prudencia le dije: «Mentira parece que por
el interés se hagan tales cosas.» Habrán supuesto que yo guardo miles de duros, y están equivocados. Tenga usted, haga el favor de guar-
darme estos 590 pesos, único dinero que tengo,
á fin de que no haya motivos para que repitan
la escena.»

Tomó la cantidad y me contestó que por aquellas inmediaciones vagaba una partida numerosa
de tulisanes (bandidos), y que al día siguiente
no sabía como saldríamos del viaje, porque se
había marchardo parte de la fuerza y no dis-

poníamos de la necesaria contra un golpe de
mano.

. Pór fin de fiesta vimos aparecer al teniente
Gregorio Expósito, con su amigo Alcaide Bayona. Venían armados de fusiles y dijeron *haber
estado en acecho más abajo de nuestra casa* por si
acertaban á correrse los tulisanes por allí. Desde
luego me figuré que yo era el tulisán que habían
estado esperando, y una vez más le dí gracias á
Dios que me había sacado á salvo del peligro.

—Bueno terminó diciendo el jefe tagalo, pues
lo mejor será poner á ustedes una guardia, y así
lo hicieron para cubrir las apariencias.

14

II

Sin caballos. — Robados. — En Cabanatuán.—Continuación del viaje. — Descuento por depósito. — En Aliaga. — Excelente comportamiento del capitán Molo. —
En el cuartel general de Aguinaldo. — Decreto memorable.

Digo y repito que sólo para cubrir las apariencias, porque si lealmente se hubieran resuelto á defender nuestros intereses y personas, bien
puede asegurarse que al otro día no se hubiera
realizado el villano despojo de que hube de ser
víctima.

La siguiente mañana, observando llegaba la
hora de continuar el viaje y que no traían nuestros caballos, aquellos mismos que la tarde anterior nos había enseñado el Comandante, envié
á mi ordenanza con el oportuno recado para los
jefes insurrectos, quienes le contestaron que hacía rato los andaban buscando y que no parecían
ni vivos ni difuntos. Enseguida que recibí esta
respuesta conocí que se preparaba una emboscada y mandé avisar á mi gente, ya dispuesta en
la iglesia para emprender la marcha, que ningu-

no se pusiera en camino mientras no recibieran
orden mía. Era lo más prudente, si de alguna
manera se habían.de afrontar las incidencias que
por lo visto amenazaban; pero algunos momentos después me trajeron un carabao, diciéndome
que hiciese cargar en él los equipajes, á fin de
que pudieran ir andando con la fuerza de á pie,
que luego fácilmente podríamos alcanzar con los
caballos, en cuanto se diera con ellos. No tuve
más remedio que transigir y confiando la vigilancia del carabao á uno de mis soldados, Domingo Castro Camarena (1), quedamos en el
pueblo aguardando el hallazgo, en tanto que se
alejaba la columna.

Viendo que transcurría tiempo y más tiempo
sin que pareciesen las dichosas monturas, y que
yo no podía humanamente mover el pie derecho,
nos dijeron á Vigil y á mí si queríamos ir en
unos carabaos que había disponibles. Aquel ofrecimiento, lo estraño de la pérdida y el empeño
en que se adelantaran mis hombres con la escolta, me hicieron advertir que se obscurecía el horizonte, ¿qué hacer, sin embargo, ante semejantes
circunstancias? Nada; someterse y callar. Afortunadamente se hallaba presenciando todo esto
el jefe de telégrafos, cuyo nombre siento no recordar, y generosamente me dijo: «Usted no se

_____

(1) Ya, por lo visto, se habían disipado los temores
de un asalto en pleno camino, por los tulisanes «que
tanto abundaban por allí», ó lo habían pensado mejor.

apure; yo tengo un buen caballo á su disposición.» Acepté agradecido, y gestionando por
acá y por allá no tardó en hallarse quien nos facilitara otro caballo para el Médico. Los nuestros,
en tanto, los que se nos habían apercibido para
el viaje, debían de trotar por el camino de Santiago.

Nos pusimos en marcha sin otro acompaña-
miento que un teniente insurrecto, un comandante y el Teniente coronel. Merece repararse
que mal se avenía con los tulisanes de que nos
habrían hablado la noche anterior aquella separación de nuestra escolta y el aventurarnos con
tan escasos defensores. Ningún percance tuvimos, empero que lamentar en la jornada, y ya
creíamos haberlo salvado felizmente, cuando al
llegar cerca de Bongabón se nos adelantaron
ambos jefes, y, habiendo escuchado que alguien
sollozaba en el bosque, fueron al sitio de donde
partían los gemidos, encontrándose á Castro Camarena, el conductor de nuestros equipajes.

Ignoro la sorpresa que les pudiera causar este
acontecimiento. El soldado les dijo que algunos
indios le habían acometido de improviso y, luego de amarrarle, habíanle quitado todo el dinero que llevaba, desapareciendo con el carabao
que conducía. Desligáronle *bondadosos* y, presu-
mo yo, que *compadecidos* del percance; siguieron
al referido Bongabón, y allí se unieron á lo
restantes de la fuerza, tan poco celosa (y no lo

digo con intenciones de ofenderla) en la custodia
de la única impedimenta que llevaba.

Cuando llegamos al pueblo, fuimos á parar en
la misma casa donde se alojaba el teniente coronel del Estado mayor filipino, D. Celso Mayor
Núñez, de quien ya tengo hablado. Le participé
la ocurrencia y se limitó á replicar, entre indife-
rente y censor, que nada nos hubiera sucedido
si, menos tenaces, hubiésemos capitulado cuando
él estuvo en Baler, y que Dios solamente sabría
entonces quienes serían los ladrones. Desdeñé la
censura como procedente de labios que después
de jurar la bandera española pudieron ofenderla
dirigiendo contra ella las tropelías insurrectas, y
me limité á contestarle que no me afligía más
que la pérdida de los papeles y documentos,
para mi de mucha importancia, é inútiles para
los demás completamente. «Bien, bien — me dijo — ya comisionaré á un oficial por si es posible
recuperar esos papeles.»

Poco después recibí en mi habitación la visita
del jefe de la columna volante de aquel término,
D. José Padín Gil, capitán de voluntarios que
había sido también de nuestro Ejército. Lamentó
el accidente y me aconsejó que no culpase á nin-
gunos tulisanes imaginarios porque los autores
del hecho debían de haber sido aquellos mismos
que nos venían escoltando. No hice comentarios
y me limité á responder lo mismo que anteriormente á Celso Núñez, que no me importaban

nada las ropas, ni las alhajas, ni el dinero, sino la documentación, y que sólo quería esto por el interés personalísimo que para mí tenía. Estuvo muy afable, muy atento y solícito (1), y el otro creo que no dejaría de comisionar al oficial, pero la tal documentación quedó perdida.

Nos detuvimos en Bongabón hasta el día 14 que seguíamos á Cabanatuán. Aquí los indígenas tenían establecido un hospital para los españoles heridos ó enfermos, y á él pedí me llevaran, á fin de atender á la curación de mi pie que, mal asistido por la falta de medios, no me dejaba un momento de reposo.

Logré que me atendieran é ingresaron conmigo en dicho benéfico establecimiento el Médico Sr. Vigil y aquel pobre soldado, natural de Canarias, á quien habían partido la nariz la noche del día 11.

Por entonces se había trasladado, desde esta misma población á Tarlak, el cuartel general de los filipinos, pero aún quedaban allí algunas autoridades, y con ellas la esposa de Aguinaldo, quien tan pronto como supo que habíamos entrado en el hospital acudió á visitarnos con el 2.º jefe de su Estado Mayor general, D. Manuel Sityar, coronel entonces y capitán desertor de

_____

(1) Me inclino á sospechar que lo deseado por este buen señor era que yo le facilitara una reseña de los efectos que me habían robado, sin otra mira que... la de su conveniencia particular.

nuestro Ejército. Aquella buena señora nos dirigió algunas frases de las que son de rigor en tales casos, y nos auxilió, no recuerdo bien si con una ó dos pesetas á cada uno; socorro del que también debieron de participar el capitán de Infantería D. Ciriaco Pérez Palencia y un segundo teniente de Infantería de Marina que allí estaban enfermos y prisioneros.

Mis soldados recibieron alojamiento cerca del hospital, y la columna que nos acompañaba, no pudiendo esperarse á que me restableciera, siguió su marcha (1), pero la víspera de hacerlo se me presentó el Comandante á despedirse y consultarme si entregaba el dinero que tenía mío al Gobernador militar, Fortunato Jiménez, íntimo amigo suyo, y persona de confianza, el cual me daría recibo. Así lo hicimos, previendo que me

_____

(1) Con ella se marchó y desapareció ya para siempre de mi vista el villano Alcaide Bayona. Hé aquí su muerte: A primeros de Abril de 1900 desembarcó en Barcelona el capitán D. Inocencio Lafuente Peiró, conduciendo una expedición de repatriados, en la que figuraban mi antiguo y desertor asistente, Felipe Herrero López, y el dicho Alcaide, uno y otro recluídos en la barra. Cosas muy negras debió de meditar allí este último, pues tomó la firme resolución de negarse á beber ni comer, é inútilmente se recurrió á la violencia para que ingiriese alimentos, haciendo que abriese la boca por medio de una llave; tenaz en su propósito, se dejó aquél malaventurado morir de hambre. Del Herrero López no he vuelto á saber nada.

robasen otra vez, aunque pronto veremos que no se pudo evitar completamente.

Pasaron dos semanas, finalizaba Junio y yo seguía mal, sin poder aún valerme del pie, cuando en la mañana, muy temprano, del día 29 se recibió un telegrama de Aguinaldo para que inmediatamente fuésemos á Tarlak, á fin de que, aprovechando el paso por allí de la Comisión española que había ido á gestionar la libertad de los prisioneros, pudiéramos seguir á Manila con ella. Respondí que no me hallaba en disposición de marchar; pero que podían hacerlo el destacamento y Vigil. Salieron éstos; y el Gobernador militar, enseguida, lo participó telegráficamente al general, de quien poco después se recibió otro despacho con la orden expresa de que «utilizando todos los medios que á mi estado convinieran» me pusiera en camino sin dilación, «por ser de necesidad que acompañase á la tropa hasta Manila.»

Cuando Fortunato Jiménez me dió la noticia de semejante resolución, quedó en mandarme una camilla «para que pudiese ir á gusto,» y así lo hizo efectivamente, con cuatro indios, pero la tal camilla era la misma en que se habían llevado poco antes á un prisionero fallecido y no quise admitirla, ordenando á uno de los portadores que fuese á llamar á dicho Gobernador de parte mía. Acudió este al momento y, sobre la razón expresada, le dije que no podía yo arriesgarme á ir de aquélla manera porque los conductores, faltos del suficiente relevo, se cansarían de llevarme y corría el peligro de tener que pasar la noche á la intemperie y abandonado á las incidencias del camino. Me ofreció entonces un caballo y, de no convenirme, una *canga*, en la que se haría poner un sillón grande para mayor comodidad. *Canga* llamaban ellos á una especie de carreta pequeña, sin ruedas, que llevan arrastrando.

Preferí la segunda, cuya invención debe de remontarse á las edades prehistóricas; y como ya era tarde, se aplazó el viaje hasta la siguiente mañana, 30 de Junio, en que á primera hora recibí la visita del tal Gobernador que venía para devolverme los 590 pesos míos que tenía en depósito. Conté los billetes y eché de menos uno de 25 pesos; quiso explicar la falta, pero no quise permitírselo, porque no estaba en ganas de medir á donde llegaba su inventiva, y aún le ofrecí la cantidad que le pareciese conveniente. Se negó á tomar nada, le devolví su recibo y pasé á despedirme de los infelices prisioneros que allí quedaban hasta que Dios fuere servido.

A todo esto ya estaba la *canga* esperando con un cabo y algunos soldados que debían acompañarme. Si los que anteriormente nos habían escoltado, sólo por su descuido, y haciéndoles favor, se hicieron merecedores de recuerdo, no sucedió lo mismo con aquella honrada gente, que ni un momento me abandonó por el camino, procurando evitarme peligros y molestias, cuidando en particular que no volcase y fuese á ponerme la carretilla por montera, cosa bien fácil con los baches que salpicaban el trayecto, y favoreciéndome con toda clase de atenciones. A mitad de jornada y pareciéndoles que no bastaba el carabao que iba tirando de la canga, se metió el cabo por unas sementeras y volvió á poco rato con otro de aquellos robustos animales, merced al cual se pudo hacer ya la marcha mejor y más de prisa.

Antes de medio día entramos en Aliaga, donde hallé á mis compañeros, que se habían detenido á esperarme, y al capitán filipino D. Mariano Molo, comisionado para conducirme á Tarlak.

De naturaleza india, también este señor había servido en la Infantería española, donde pudo llegar hasta el empleo de sargento, pero fiel á su compromiso no había descertado. Se hallaba en Manila, destinado en la Subinspección hacía mucho tiempo cuando estalló la guerra, y en su puesto siguió hasta la rendición de aquella plaza. Logrando entonces que le dieran su licencia absoluta, se unió á los suyos para defender la independencia.

Con la separación de la tropa que nos había escoltado desde Baler, pareció desvanecerse todo acecho y todo linaje de rencores. Al salir de Cabanatuán hubiérase dicho que repentinamente había sustituído á nuestro alrededor el afecto á la enemistad; la nobleza y buenos deseos á la falsedad y la emboscada. Ya he mencionado el amable comportamiento de los que me acompañaron últimamente, y ahora vuelvo á tener la satisfacción, que siempre lò es y grande, para mí por lo menos, decir bien de las gentes, de consignar aquí las dignas atenciones que tuvo conmigo el referido capitán.

Solícito como pudiera estarlo un verdadero amigo, se apresuró á facilitarme alojamiento en casa de Doña Esperanza Dimalimat Samsón, mestiza bastante agraciada que vivía en compañía de sus padres, personas honradísimas, y viuda de un español á quien sólo por serlo habían asesinado los insurrectos. Padecía esta señora de una tristeza que la devoraba mortalmente y su afán consistía en salir de aquel pueblo donde todo la recordaba su desgracia. Tenía un hermano presbítero en Manila, D. Teófilo Dimalimat para el que me dió una visita y el encargo de pedirle que se la llevara consigo, á fin de ver si mejoraba en el estado de sus ánimos.

Pocas horas, pues á la mañana siguiente continuamos á Zaragoza, estuve disfrutando la hospitalidad de aquella bondadosa familia, pero nunca podré olvidar los fraternales cuidados que la hube de merecer en tan corto espacio de tiempo. Sea hoy este recuerdo testimonio para ella de mi justificada gratitud.

El 1.° de Julio, como ya dejo indicado, salimos de Aliaga. El camino era todavía más dificultoso que la víspera, y me hizo mucha gracia ver á Molo, cuando emprendimos la jornada, quitarse los zapatos, remangarse los pantalones hasta el muslo y agarrarse á la canga para no descuidarme un sólo instante; dándose la ocurrencia de volcar, y por evitar mi caída, vestirse de lodo él desde los pies á la cabeza. Dormimos en Zaragoza esta noche; al amanecer seguimos á Paz, donde nos acomodamos la siguiente, y al otro día nos dirigimos á Tarlak.

En todo este viaje, nada nos dejó desear, en cuestión de alimentos, el celo y diligencia de nuestro conductor, á quien debimos un abundante suministro de pollos y gallinas. En Tarlak, donde tuvo que separarse de nosotros, continuaba el cuartel general de Aguinaldo. Llegamos por la tarde é hicímos alto frente á la puerta de la residencia de aquel Jefe, que al punto mandó á uno de sus ayudantes para entregarnos al Médico y á mí dos pesos á cada uno y otro á cada soldado, con la orden expresa de que se nos llevase á una de las mejores casas del pueblo, de que se nos atendiera con esmero, y, sobre todo, que se nos diese abundantemente de comer.

También nos mandó algo que le agradecí más que todo: un número del periódico donde habíase publicado un decreto suyo relativo á nosotros. Honroso documento que si transcribo á

continuación, bien sabe Dios que lo hago, más
que por vano alardè, por lo que pueda valer
para la glorificación de mi Patria. La verdad es
que si los juicios consignados en él deben considerarse como la última frase de aquella desdichada campaña, nada tan grato como el haber inspirado estos juicios y poderlos traer á España,
cual santa ofrenda de reverencia y de consuelo.

Hé aquí ahora el decreto:

**Habiéndose hecho acreedoras á la admiración
del mundo las fuerzas españolas que guarnecían el
destacamento de Baler, por el valor, constancia y
heroismo con que aquel puñado de hombres aislados
y sin esperanzas de auxilio alguno, ha defendido su
bandera por espacio de un año, realizando una epopeya tan gloriosa y tan propia del legendario valor
de los hijos del Cid y de Pelayo; rindiendo culto á
las virtudes militares, è interpretando los sentimientos del Ejército de esta República que bizarramente
les ha combatido, á propuesta de mi Secretario de
Guerra y de acuerdo con mi Consejo de Gobierno,
vengo en disponer lo siguiente:**

ARTÍCULO ÚNICO

*«Los individuos de que se componen las expresadas
fuerzas, no serán considerados como prisioneros, sino,
por el contrario, como amigos, y en su consecuencia
se les proveerá por la Capitania General de los pases
necesarios para que puedan regresar á su país.* **Dado**

en Tarlak á **30 de Junio de 1899.** = *El Presidente de la República,* **Emilio Aguinaldo.** = *El Secretario de Guerra,* **Ambrosio Flores**› (1).

(1) En Abril de 1901, según la prensa de Filipinas, un redactor de *El Noticiero de Manila,* celebró una *interview* con Aguinaldo, y le preguntó.

—¿Qué opina usted de la defensa de Baler?

—Para que usted no dude de mi sinceridad — contestó el generalísimo — le diré que un ayudante del general Bates (el teniente Reeve) me hizo la misma pregunta hace algunos días, y yo le contesté que era *muy heróica,* que *era verdad.* Yo, para demostrar mi admiración á aquellos héroes, les socorrí y concedí, libertad inmediata.

III

De Tarlak á Bacolor. --- En Manila. — Regalos y festejos. -- Proposición rechazada. — Con rumbo á España. — En España.

Poco me resta ya que decir.

El día 5 salimos de Tarlak en el tren, reunidos á la Comisión española, que nos había es-
perado en aquella localidad, vigilando el cumplimiento de lo acordado por el general filipino
respecto de nosotros. Formaban esta Comisión
los Sres. D. Antonio del Río, antiguo Gobernador civil de la provincia de la Laguna; D. Enrique Toral, comandante de nuestro Estado Mayor
y D. Enrique Marcaida, filipino. A ella, por
cierto, debieron su libertad muchos desgraciados
prisioneros, algunos de los cuales (1) también
nos acompañaron en este viaje, y gracias á ella se
mejoró el trato y alimentación que recibían
otros muchos, á los que repartió más de 28.000
pesos que sus particulares gestiones pudieron
conseguir en Tarlak, mediante cartas-órdenes

_____

(1)   Estos iban con un coronel de Aguinaldo.

contra Manila, donde luego fueron pagadas por la Comisión de Selección.

La vía férrea estaba interrumpida entre Angeles y San Fernando, que los americanos ocupaban, y sólo hasta la primera de las referidas poblaciones pudo llevarnos el tren, cuya máquina, por falta de carbón, tenía que alimentarse con leña.

En la estación se nos esperaba con diversos carruajes para conducirnos al pueblo. Subí á una tartana con el primer teniente D. Tomás Ruíz Ramos, que iba muy delicado, y como los indios no saben guiar sino á la carrera, nuestro cochero tuvo la gracia de favorecernos con un vuelco, por mi lado precisamente. La cosa, por fortuna, se redujo á permanecer algunos momentos, el Sr. Ruíz y yo, como nuestros nombres en los escalafones del Ejército.

Se nos alojó en casa del general Mascardo, jefe de aquella línea, quien, muy obsequioso, nos agasajó con un banquete, por la tarde, y un baile, por la noche, al que asistieron las señoritas más distinguidas de la localidad, y al día siguiente continuamos en dirección á San Fernando.

Todos íbamos en los mismos carruajes de la víspera. Mi compañero, recordando el percance que nos había sucedido, previno al conductor que no fuese corriendo aún cuando corriesen los demás, y me dijo: «Espero que hoy nos tocará

la vez de reirnos.» «Mire usted, le contesté, no
se vayan á reir también de nosotros, cómo ayer,
si volvemos á repetir la misma escena.

Tal ocurrió, pues obedeciendo el cochero la
recomendación que se le hizo, pronto nos quedamos atrás, con gran disgusto suyo, que procuraba satisfacer de cuando en cuando lanzán-
dose á una carrerilla por sorpresa, y en uno de
aquellos arranques, al volver una esquina de
cierto barrio, cuyo nombre no recuerdo, se des-
nivelaron las ruedas y... otra vez dimos con
nuestros cuerpos en el suelo; pero ésta ya le tocó
á mi compañero la inferioridad en la caída y
tuvo para él desagradables resultados.

Para él y para todos; tan rudo fué nuestro
soberano batacazo que le dejó maltrecha una
mano; yo rompí la cubierta y me asomé por ella
en improvisado ventanillo, que abrí con la cabeza; el conductor no salió tampoco muy bien li-
brado, y arrastrada la tártana, por impulsos de
la velocidad, algunos pasos, se mudó en carica-
turesca plataforma, donde, gracias á que las ruedas y algunos hierros del armazón no tuvieron
por conveniente separarse, llegamos como se
pudo á Bacolor.

Lo ridículo de nuestra figura en aquel extraño
esqueleto de carruaje produjo entre los que nos
habían precedido la chistosa impresión que
puede imaginarse, y en cuanto vieron que nada
teníamos que lamentar, creo inútil decir que nos

15

bromearon á su gusto. Desde allí á San Fernando quedaba poco trecho, pero como había que parlamentar con los americanos pidiéndoles que nos franqueasen el camino, tuvimos que hacer alto dos horas largas y nos distragimos almorzando. Mi amigo Ruíz las aprovechó también para curarse la mano dolorida, cuya luxación carecía de importancia, pero algo le debió preocupar el suceso, porque después, cuando proseguimos la jornada, no quiso acompañarme, «por si era yo el que tenía mala sombra.»

Cuando llegó á San Fernando la noticia de nuestro arribo, se había dado ya la orden para que saliera el tren de Manila, pero se le mandó esperarnos, y en él seguimos á la capital del Archipiélago. Entramos de noche y nos llevaron al palacio de Santa Potenciana. La Comisión española no había querido telegrafiar nuestra ida, para evitar aglomeraciones de gente, y nadie nos esperaba en los andenes, pero enseguida fueron á visitarnos el General, con los jefes y oficiales de la Comisión de Selección.

Yo, por mandato facultativo, tan estropeado iba, tuve que guardar cama, y por esta razón no me fué posible concurrir á los muchos banquetes y festejos con que se trató de obsequiarnos, con tal profusión, que se hizo necesario establecer un riguroso turno para ellos. Unicamente asistí al que nos dió el Casino Español, verdaderamente suntuoso; mas no por eso dejé de recibir manifes-

taciones lisonjeras del entusiasmo que habíamos
producido en todas partes, y, como es natural,
entre los elementos españoles. Mi habitación
parecía un jubileo; á costa de la oficialidad de
nuestro Ejército, jefes y General, que había
entonces en aquella población, se nos regalaron
hermosas placas de oro y plata, conmomorativas
del sitio (las que nos dedicaron al médico y á mí
tenían las coronas de pedrería); se abrió una
suscripción y se celebró una velada teatral á
beneficio de los soldados (1), que además reco-
gieron muchos donativos particulares; una so-
ciedad catalana, mirando á lo positivo y conveniente, nos regaló dos letras para que Vigil y yo
las hiciéramos efectivas en España (2), y el oficial
primero de Administración militar, D. Luis Jor-
dán y Larré nos entregó, á los que habíamos
pertenecido al destacamento, sendos ejemplares
de un precioso álbum con todas nuestras firmas
el nombre y naturaleza de cada uno, artística
portada, y una dedicatoria muy vibrante.

Me sería imposible, y para ello necesitaría muchas páginas, enumerar tan solo aquella deslum
bradora multitud de felicitaciones y agasajos, de
obsequios y atenciones con que allí se nos abru-
mó constantemente. Quizá si algunas veces, en

---

(1) Con su producto dieron á cada uno de los soldados una letra de 140 pesos, á cobrar en los pueblos res_
pectivos, ó en el giro más próximo.

(2) Yo cedí la mía para el destacamento.

mis horas de incomparable abatimiento, pude soñar con el fantasma de la recompensa y de la gloria, bien seguro es que nunca llegué á imaginar que las consiguiera tan hermosas, y por si algo podía faltarme supe también que me había dignificado la calumnia.

Renuncio á manchar este libro con el relato de aquella torpe invención hecha cobardemente para envilecer á los defensores de Baler, pensando acaso en que ninguno quedaría con vida, y me limito á coleccionar en el apéndice, con otros que me parecen oportunos, un razonado artículo publicado contra ella en *El Noticiero de Manila*. No debo callar, sin embargo, que recordándola muchas veces he sentido algo que debe de ser como los terrores del espanto, porque se me ha ocurrido lógicamente que si la iglesia hubiera sido tomada por asalto, si en ella hubiésemos recibido la muerte, aquella infame calumnia se hubiera extendido para mancillar nuestra memoria.

Una de las personas con quien á nuestra llegada tuve allí la satisfacción de cambiar un abrazo; fué con el Teniente coronel Aguilar que me preguntó sonriéndose:

— ¿Y ahora, me reconoce usted?

— Si señor, contesté, y más me hubiese valido hacerlo en Baler.

Aplaudió mi desconfianza y mi conducta; le referí cómo y porqué nos habíamos rendido y supo con sorpresa el grave riesgo de que le había yo salvado no permitiendo que le fusilaran mis soldados (1).

Entre las muchas visitas con que me ví favorecido recibí las de algunos americanos que me hicieron ofrecimientos muy pomposos, muy atractivos, pero que les rechacé debidamente. ‹Por todas las grandezas y por todo el oro del mundo no cambio yo, les dije, mi honrado puesto bajo las banderas de mi patria.›

*
* *

Y voy á terminar:

El día 29 de Julio nos embarcamos en el vapor *Alicante,* de la compañía Trasatlántica, todos lo estábamos deseando por momentos, pues á la impaciencia de abandonar aquellas tierras, uníase también la falta de salud (2) y el 1.º de Septiembre desembarcamos en Barcelona, saliendo á recibirnos las primeras autoridades. Al día siguiente se licenció el destacamento, y el 8 fuí á Tarragona para dar cuentas á la Comisión liquidadora. Pasando luego, segunda vez, por la capi-

_____

(1) Este señor, cuando estuvo en Baler, había llevado un fotógrafo, el cual me regaló una vista, cuya copia se inserta, del bahay donde los sitiadores tenían el cañón.

(2) Yo, el único de los que durante el sitio no había estado enfermo, llegué á bordo bastante mal á consecuencia de la disentería que, si estoy más tiempo en Manila, creo que me mata.

tal del Principado vine á Madrid, donde acudieron á esperarme un jefe del Cuarto Militar de S. M., el Excmo. Sr. Ministro de la Guerra y comisiones de la guarnición. El día 21, por último, salí para Miajadas (Cáceres), mi pueblo natal, y allí mis entusiastas paisanos echaron la casa por la ventana, en celebración de mi regreso (1).

He recibido, por tanto, pruebas inestimables del agradecimiento nacional. Banquetes, recompensas y honores que no me han desvanecido, pero que han elevado mi ánimo haciéndome codiciar el sacrificio, ese trance difícil que realizado en el cumplimiento del deber conduce siempre hasta las alturas de la gloria.

(1)   Iluminando y adornando las calles, conduciéndome procesionalmente á la iglesia, etc., etc.

POST-SCRIPTUM

He terminado mi narración, y creo haberla escrito con la sinceridad prometida.

Leal é imparcialmente, limpio mi espíritu de bastardas intenciones, he ido refiriendo los acontecimientos y episodios tal como sucedieron y he procurado bosquejar las circunstancias tal como las sufrimos.

Quizás en algunos momentos, al recordar nuestras decepciones y amarguras, evocando tantas y tantas horas de mortales angustias y de abrumadoras inquietudes, la fibra dolorida se haya dejado manifestar con su gemido, inspirando á mis frases una viveza extraordinaria, bien que reflejo pálido de los estados de mi alma; pero esta misma viveza sólo demuestra la ingenuidad de mi relato. Séame perdonada en gracia siquiera de lo natural del desahogo.

Por lo que se refiere á los hechos, su misma notoriedad acredita desde luego los de tiempo,

situación y recursos, que son los principales ante
la Historia, y en cuanto á los demás, no testifico
solamente con difuntos; aún alientan por ahí la
mayoría de mis animosos compañeros, *gozando*
casi todos, en la tradicional estrechez del vetera-
no, los gajes de su heroísmo y sufrimiento; aún
deben de vivir la mayoría de nuestros sitiadores,
y aún, si fuera preciso, creo que no faltarían los
documentos comprobativos necesarios.

De propio intento no he determinado censuras;
me ha parecido inútil. Cuya sea la culpa del
abandono y las contigencias, de la imprevisión y
penuria que hubimos de padecer, no soy yo
quien debe decirlo: reflexione quienquiera y,
examinado con tranquila imparcialidad lo sucedido, falle después ante su razón y su conciencia.

Respecto de mí sólo debo añadir lo que ya
dije al principio, que me hallo tranquilo y completamente satisfecho, dando muchas gracias á
Dios por haberme reservado aquel trance de honor donde pude cumplir mis obligaciones militares. Cuando me vestí el uniforme supe que
contraía con mi patria una deuda sagrada, la de
mi vida, la de mi porvenir; la de toda mi sangre
y todos mis alientos. Creo haber demostrado, y
esto me basta, que no rehuyo el pago.

Y sólo deseo ahora que se me vuelva pronto
á pedir la satisfacción de aquel débito, pero que
hagan los Cielos sea en la cuesta de la prosperidad y de la grandeza nacionales.

Pues para la una y la otra tenga por seguro esta España tan desdichada que á pesar de todos los desvanecimientos de leyendas que por alí se pregonan, no han de faltarle nunca soldados como los soldados de Baler, alguno de los cuales, dicho sea de paso, bien puede ser que tenga que mendígar una limosna.

APÉNDICE

PUEBLO Y SUS DETALLES (1)

1 Iglesia
2 Cuartel de la Guardia civil
3 Escuelas públicas
4 Casa del Maestro Lucio
5 Comandancia político-militar
6 Tribunal
7 Trinchera enemiga que nos rodeaba
8 Plaza del pueblo con naranjos
9 Terrenos de la comandancia político-militar
10 Casa de Hernández ó bahay
A Casa habitada por los cabecillas tagalos
B Casa atrincherada del gobernadorcillo

(1) Distante 180 kilómetros de Manila.

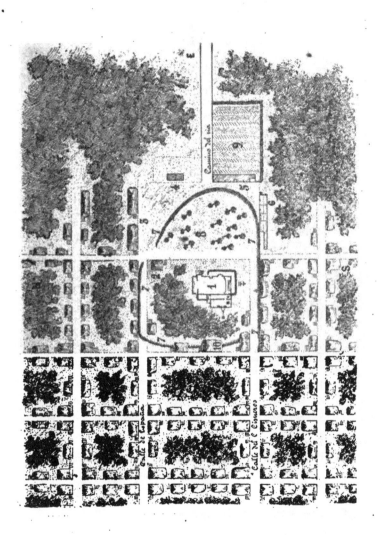

PLANO DE LA IGLESIA

1 Puerta
2 Baptisterio con tres aspilleras
3 Puerta que da frente al camino del río
4 Entrada á la trincheras
5 Plantaciones de pimientos y tomates
6 Línea del coro
7 Altar mayor
8 Puerta de entrada á la sacristía
9 Sacristía
10 Puerta de la sacristía al corral
11 Boquete de salida al foso de la trinchera de la sacristía
12 Paso del 1.er patio al corral ó 2.º patio
13 Pozo
14 Escusado
15 Urinario
16 Patio de aseo con agujeros para salida (donde se hallaba la escalera del convento)
17 Trinchera con su foso
18 Ventanas aspilleradas
19 Horno que se construyó
20 Barandilla del presbiterio
21 Parapetos construídos encima de los muros de la iglesia
22 Pozo negro
23 Entrada del convento, cuya puerta fué terraplenada por dentro
24 Atrincheramiento para resguardar la puerta de la sacristía
25 Foso y trinchera de la sacristía

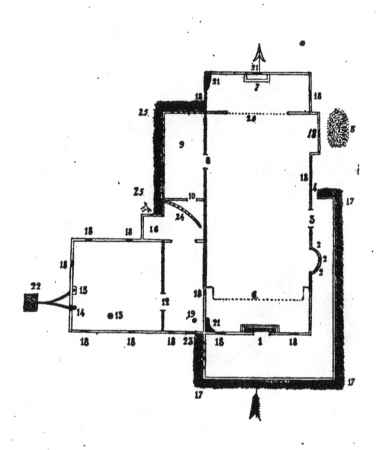

RELACIÓN NOMINAL DE LOS SITIADOS

COMANDANTE POLÍTICO-MILITAR DEL PRÍNCIPE:

Capitán de Infantería D. Enrique de las Morenas y Fossi.

DESTACAMENTO DE BALER (1)

Clases	Nombres	Observaciones
2.º Teniente	D. Juan Alonso Zayas	F. el 18 de Octubre del 98, de enfermedad.
otro	» Saturnino Martín Cerezo	
Cabo	Vicente González Toca	Fusilado el 1.º de Junio del 99.
otro	José Chaves Martín	F. el 10 de Octubre del 98, de enfermedad.
otro	Jesús García Quijano	
otro	José Olivares Conejero	
Corneta	Santos González Roncal	
Sold. de 2.ª	Felipe Herrero López	Desertó el 27 de Junio del 98.
otro	Félix García Torres	Ídem el 29 de íd. íd.
otro	Julián Galvete Iturmendi	F. el 31 de Julio del 98, de heridas.
otro	Juan Chamizo Lucas	
otro	José Hernández Arocha (2)	
otro	José Lafarga Abad	F. el 22 de Octubre del 98, de enfermedad.
otro	Luis Cervantes Dato (3)	
otro	Manuel Menor Ortega	
otro	Vicente Pedrosa Carballeda (4)	

(1)   Perteneciente al Batallón Expedicionario núm. 2.
(2)   En la fototipia figura equivocadamente con el apellido de Acocha.
(3)   Gato, por equivocación, en la fototipia.
(4)   Corbablera, ídem ídem.

Clases	Nombres	Observaciones
Soldado	Antonio Bauza Fullana	
otro	Antonio Menache Sánchez	Fusilado el 1.º de Junio del 99.
otro	Baldomero Larrode Paracuello	F. el 9 de Noviembre del 98, de enfermedad
otro	Domingo Castro Camarena	
otro	Eustaquio Gopar Hernández	
otro	Eufemio Sánchez Martínez	
otro	Emilio Fabregat Fabregat	
otro	Felipe Castillo Castillo	
otro	Francisco Rovira Mompó	F. el 30 de Septiembre del 98, de enfermedad
otro	Francisco Real Yuste (1)	F. el 8 de Noviembre del 98, de enfermedad
otro	Juan Fuentes Damián	
otro	José Pineda Turán	F. el 13 de Febrero del 99, de enfermedad.
otro	José Sánz Meramendi	
otro	José Jiménez Berro (2)	Desertó el 8 de Mayo del 99.
otro	José Alcaide Bayona	
otro	José Martínez Santos	Desertó el 3 de Agosto del 98.
otro	Jaime Caldentey Nadal	
otro	Loreto Gallego García	
otro	Marcos Mateo Conesa	
otro	Miguel Pérez Leal	
otro	Miguel Méndez Expósito	F. el 9 de Noviembre del 98, de enfermedad
otro	Manuel Navarro León	F. el 19 de Mayo del 99, de enfermedad.
otro	Marcos José Petanas	F. el 14 de Noviembre del 98, de enfermedad
otro	Pedro Izquierdo Arnáiz	
otro	Pedro Vila Garganté	
otro	Pedro Planas Basagañas	F. el 10 de Octubre del 98, de enfermedad.
otro	Ramón Donat Pastor	
otro	Ramón Mir Brila	

otro	Ramón Boades Tormo	F. el 25 de Octubre del 98, de enfermedad.
otro	Román López Lozano	
otro	Ramón Ripollés Cardona	F. el 12 de Mayo del 99, de heridas.
otro	Salvador Santa María Aparicio	
otro	Timoteo López Larios	
otro	Gregorio Catalán Valero	
otro	Rafael Alonso Medero	
otro	Marcelo Adrián Obregón	F. el 8 de Diciembre del 98, de enfermedad.

ENFERMERÍA

Médico provl.	D. Rogelio Vigil de Quiñones Alfaro	
Cabo indíg.ª	Alfonso Sus Fojas	Desertaron el 27 de Junio de 1898.
Sanit.º ídem	Tomás Paladio Paredes	
otro español	Bernardino Sánchez Cainzo	

PÁRROCO DE BALER

Fray Cándido Gómez Carreño

(1) Ayuste por equivocación en la fototipia.
(2) Beno, por ídem ídem.

RELACIÓN FILIADA DE LOS INDIVIDUOS DE TROPA SUPERVIVIENTES

Clases	Nombres	Padres		Edad	Estado	Profesión	NATURALEZA	
							Pueblos	Provincia
Cabo	Jesús García Quijano	Máximo	Lorenza	24	sol.	Labrador	Vidueria	Palencia
otro	José Olivares Conejero	Bernardo	María	22	»	Zapatero	Caudete	Albacete
Cor.	Santos González Roncal	Manuel	Antonia	24	»	Labrador	Mallén	Zaragoza
Sol.	Juan Chamizo Lucas	Cristóbal	María	23	»	Del campo	Valle de	Málaga
.	José Hernández Arocha	Eulogio	Antonia	22	»	»	La Laguna (Canarias)	San Cristóbal
.	Luis Cervantes Dato	Marcos	Maravilla	»	»	Jornalero	Mula	Murcia
.	Manuel Menor Ortega	Marcos	Encarnación	21	»	»	Sevilla	Sevilla
.	Vicente Pedrosa Carballeda	Manuel	Josefa	37	cas.	»	Carballino	Orense
.	Antonio Bauza Fullana	Juan	Antonia	22	sol.	»	Petra	Mallorca
.	Domingo Castro Camarena	José	Blasa	28	»	Cantero	Aldea-vieja	Avila
.	Eustaquio Goper Hernández	Pablo	Atanasia	28	»	Labrador	Tuinejo	Fuente ventura
.	Eufemio Sánchez Martínez	Ildefonso	Gabina	22	»	Jornalero	Puebla de D. Fadrique	Granada
.	Emilio Fabregat Fabregat	Cirilo	Rosa	21	»	Panadero	Salsadilla	Castellón
.	Felipe Castillo Castillo	Cristóbal	Dolores	22	»	Del campo	Castillo Jorull	Jaén
.	Francisco Real Yuste	Bartolomé	Josefa	26	»	»	Cieza	Murcia
.	José Pineda Turán	Juan	Franciscas	32	»	Panadero	S. Felíu de Codina	Barcelona
.	José Jiménez Berro	José	Isabel	23	»	Del campo	Almonte	Huelva
.	José Martínez Santos	Cayetano	Ramona	28	»	»	Almeiras	Coruña
.	Loreto Gallego García	José	Macaría	22	»	»	Requena	Valencia
.	Marcos Mateo Conesa	José	Francisca	28	»	Sombrerero	Ronchón	Teruel
.	Miguel Pérez Leal	Rodrigo	Dolores	25	»	Herrero	Lebrija	Sevilla
.	Miguel Méndez Expósito	no tiene	Francisca	21	»	Del campo	Puebla de Tebe	Salamanca
.	Pedro Villa Garganté	Juan	Arcángela	40	cas.	Jornalero	Taltaull	Lérida
.	Pedro Planas Basagaña	Salvador	Francisca	39	sol.	Cerrajero	S. Juan los Abadeses	Gerona
.	Ramón Mir Brils	Antonio	Rosa	28	»	Del campo	Guisona	Lérida
.	Ramón Boades Tormo	Ramón	Dolores	28	»		Carlet	Valencia
.	Ramón Ripollés Cardona	Fortunoso	Marcelina	29	»	Sastre	Morella	Castellón
.	Timoteo López Larios	Felipe	Atanasia	22	»	Del campo	Alcoroche	Guadalajara
.	Gregorio Catalán Valero	Andrés	Juliana	22	»		Osa de la Vega	Cuenca
.	Marcelo Adrián Obregón	Francisco	Petra	22	»	Sirviente	Villa Almenrros	Burgos
.	Bernardino Sánchez Cainao	Andrés	Josefa	28	»	Labrador	Guitirie	Lugo

Detalle de las raciones de etapa que eran reglamentarias en Filipinas, y de las que pudieron facilitarse al destacamento de Baler.

ETAPA DE 1.ª

Garbanzos............	200 gramos	(1)
Tocino...............	25 —	
Carne de Australia......	306 —	
Carne fresca..........:	400 —	(2)
Café...................	10 —	
Azúcar................	20 —	
Vino...................	500 mililitros	
Sal...................	8 gramos	

ETAPA DE 2.ª

Habichuelas..........	150 gramos
Tocino...............	150 —
Café.................	10 —
Azúcar...............	20 —
Vino.................	500 mililitros
Sal.................	10 gramos

ETAPA DE 3.ª

Arroz................	200 gramos
Aceite...............	0,50 mililitros
Sardinas.............	2 latas
Sal.................	10 gramos

Vino, azúcar y café como las anteriores.

La ración ordinaria de pan para los europeos era de 500 gramos de harina, sin gastos de elaboración.

A los indios, en lugar de pan, se les daban 95 centilitros de arroz para su morisqueta.

Merece advertirse que la ración de etapa (3) es un au-

(1) Por plaza.
(2) En sustición de la de Australia, cuando faltaba esta última.
(3) Equivalente al plus de campaña.

mento que se hace á la ordinaria del soldado, para que
pueda sobrellevar las fatigas de la campaña, de lo cual
se deduce que ni una ni otra se consideran sufricientes
por si solas para el necesario alimento en operaciones (1).

Esto advertido, veamos, corroborando cuanto se ha
dicho en el texto, lo que tuvo el destacamento de Baler... mientras lo tuvo.

PAN

En vez de los 500 gramos reglamentarios no se dió á
los soldados (en los primeros meses) más que 400 de harina, que se hallaba muy averiada, en descomposición,
por haber fermentado á consecuencia de la humedad, y
apelotonada en mazacotes, donde abundaban los gusanos
y otros insectos.

El 1.º de Enero de 1899, 40 días después del fallecimiento del Sr. Las Morenas, tuve que rebajar ese suministro á 200 gramos, con lo cual tuve harina hasta el 27
de Febrero.

Desde este día facilité á cada individuo, en sustitución del pan, unos 24 centilitros de arroz (3 gantas ó
sean 9 litros para 37 individuos), esto es, la cuarta parte
de la ración del indio.

Á partir del 19 de Mayo, no se pudieron ya dar más
que dos gantas, seis litros, para los 33 individuos que
quedaban, saliendo así cada uno á 18 centilitros, la quin-
ta parte de la ración indígena.

OTROS ARTÍCULOS

GARBANZOS.—En realidad no podían considerarse como
tales los que desde un principio se pudieron facilitar.
Comidos del gorgojo casi todos, hallábanse reducidos á
polvo. Duraron hasta los primeros días de Enero.

HABICHUELAS. — Eran tan malas que por bien que se

_____

(1) Y esto suponiendo, como es natural, que todos los
artículos estén en buen estado.

procuraba cocerlas, salían del fuego duras como al ponerlas en él. Sin duda por efecto de la humedad, su gusto era, sobre la dureza, malísimo. Cuando se acabaron los garbanzos no hubo más remedio que darlas, en sustitución de aquellos para la ración de 1.ª y duraron hasta el 24 de Abril de 1899.

Tocino. — Sumamente averiado á consecuencia de la humedad, se llenó de gusanos y tomó un sabor repugnante. Los últimos desperdicios se consumieron el día 8 de Abril del 99.

Carne. — La de Australia se termin: á los pocos días de haber comenzado el asedio, el 6 de Julio. Fresca no la comimos sino cuando la caza inesperada de los carabaos, en Febrero.

Café. — Aprovechando lo que antes del sitio se había dado de baja por inútil, á causa de la humedad, también duró hasta el 24 de Abril. En su lugar bebíamos luego un cocimiento de hojas de naranjo.

Vino. — Disminuyendo la ración reglamentaria duró hasta el 3 de Agosto.

Sardinas.—Hubo hasta los últimos días, pero tan echadas á perder que los soldados tenían que reunirse por grupos á fin de que ninguno se quedara sin comer por la mala condición de las suyas (se le daban dos latas á cada uno). Aún aprovechando todo lo aprovechable tuve que tirar muchas latas por estar completamente podridas.

Aceite. — La escasa cantidad que tuvimos, se reservó para la enfermería y se acabó muy pronto.

Azúcar. — Esta la hubo hasta el último día.

Sal. — Nos faltó desde luego porque ni un sólo grano había en la iglesia cuando nos encerramos en ella.

Dedúzcase, pues, á lo que hubieron de reducirse las raciones ordinarias y extraordinarias para el destacamento de Baler.

Merece advertirse, y ya creo haberlo dicho en el texto:

Durante los 23 días que la columna del comandante Génova, fuerte de 400 hombres, estuvo en el poblado, entre ésta y la compañía destacada (100 hombres) se consumió gran parte y lo mejor de las provisiones aportadas, rechazando las que hallaron algo averiadas á consecuencia de la intemperie y la lluvia que tuvieron que sufrir muchos días.

Después ya he consignado que no volvimos á recibir ningún auxilio.

RECOMPENSAS OFICIALES

A nuestro desembarco en España, con fecha 4 de Septiembre de 1899 (D. O. núm. 195) se publicó la siguiente Real orden:

Circular. Excmo. Sr.: Enterada S. M. (q. D. g.) de que han llegado á la Península los oficiales y soldados que restan de los que formaron la guarnición de Baler (Filipinas), al mando del segundo teniente de la escala de reserva de Infantería D. Saturnino Martín Cerezo; considerando que dicha guarnición ha sufrido más de un año de riguroso asedio incomunicada con la Patria y dando señaladas pruebas de su amor á ella y de su culto al honor de las armas; considerando que á las muchas intimaciones que se le hicieron para rendirse contestó negativamente con heróica entereza hasta que, agotados los víveres y municiones capituló con todos los honores de la guerra, el Rey (q. D. g.), y en su nombre la Reina Regente del Reino, se ha servido disponer que sin perjuicio de recompensar á cada uno de los los oficiales, cabos y soldados del destacamento según sus merecimientos, se les den las gracias en su Real nombre, y se publique en la Orden general del Ejército la satisfacción con que la Patria ha visto su glorioso comportamiento, para que sirva de ejemplo á cuantos [visten el honroso

uniforme militar. Es asímismo la voluntad de S. M.,
que se habrá juicio contradictorio en la Capitanía general de Castilla la Nueva, para poder acordar la concesión
de la cruz de la Real y Militar Orden de San Fernando á
los que se hubiesen hecho acreedores á ella, según su
reglamento.

De Real orden, etc.

Por otra soberana disposición de 28 del citado
Septiembre (D. O. núm. 215) y «en consideración á los importantes servicios prestados por
las fuerzas del Ejército, destacadas en Baler (Filipinas), y del heroico comportamiento observado en la defensa de dicho pueblo hasta el 7 de
Agosto de 1898, en cuyo día fué rechazado el
enemigo y puesto en precipitada fuga al intentar asaltar y quemar la iglesia», se concedieron:

Al Capitán E. R. de Infantería, Sr. Las Morenas, el empleo de comandante.

Al Segundo teniente E. R. de Infantería, don
Juan Alonso, empleo de Primero.

Al ídem de íd., D. Saturnino Martín, íd. íd.

Al Médico provisional, D. Rogelio Vigil, cruz
de 1.ª clase de María Cristina.

A los dos cabos, el corneta y 28 soldados (1)
supervivientes (comprendido el sanitario), cruz
de plata del Mérito Militar con distintivo rojo y
la pensión mensual de 7,50 pesetas, vitalicia.

En otra Real orden de la misma fecha, publi-

(1) En esta relación aparecen equivocados muchos
nombres.

cada en el mismo Diario, y «en consideración á
los importantes servicios prestados por las fuerzas destacadas en Baler, y del heroico comportamiento observado en los diferentes hechos de
armas, ocurridos en la defensa de dicho pueblo,
desde el 8 de Agosto de 1898 hasta el 2 de Junio
de 1902», se agració:·

Al Primer teniente D. Saturnino Martín Cerezo con el empleo de capitán.

Al médico D. Rogelio Vigil con la cruz de 1.ª
clase de María Cristina.

Y á los 31 hombres de tropa con otra cruz de
plata del Mérito Militar á cada uno pensionada
con 7,50 mensuales y vitalicia.

———

Instruídos los oportunos expedientes, se concedieron luego al Comandante D. Enrique de las
Morenas y al Capitán D. Saturnino Martín Cerezo
sendas cruces laureadas de San Fernando.

Hé aquí las correspondientes Reales órdenes:

Al Comandante Sr. Las Morenas.

En vista de lo informado por el Consejo Supremo de
Guerra y Marina en acordada de 12 de Febrero próximo
pasado, relativa al expediente de juicio contradictorio
para cruz de San Fernando, instruído á instancia de doña
Carmen Alcalá Buelga, quien solicitó para su difunto
esposo el comandante de Infantería D. Enrique de las
Morenas y Fossi, la mencionada cruz por el mérito que
contrajo en la defensa que hasta su muerte hizo del destacamento de Baler (Filipinas); y resultando del expediente que, desde el 26 de Julio á 22 de Noviembre de

1898, la gloria de la defensa corresponde á dicho jefe, quien en lós expresados cuatro meses y veintisiete días rechazó las intimaciones de rendirse que el enemigo le hizo en tres distintas fechas, quedándose en la última con los parlamentarios; negativas que revelan tanta más energía, cuanto que estaba seguro de la gran superioridad numérica de aquél y no podía contar con el espíritu levantado de su escasa tropa, en la que tuvo deserciones de indígenas y peninsulares.

Que durante su mando sostuvo varios combates que le ocasionaron bajas, además de las que sufrió por enfermedades y deserciones que dejaron reducida la fuerza á 39 defensores de los 57 con que contaba al comenzar la defensa, el Rey (q. D. g.), y en su nombre la Reina Regente del Reino, de acuerdo con el Consejo Supremo y por resolución de 27 de Febrero próximo pasado, ha tenido á bien conceder al referido comandante D. Enrique de las Morenas, la cruz de segunda clase de la Real y Militar Orden de San Fernando, con la pensión anual de 2.000 pesetas, abonable desde la indicada fecha de 22 de Noviembre de 1898, y transmisible á la recurrente en los mismos términos y con iguales condiciones que las de Montepío Militar, por considerar que los hechos que acometió pueden estimarse incluídos en el caso 33 del art. 27 de la ley de 18 de Mayo de 1862.» (1)

Al Capitán Sr. Martín Cerezo.

Excmo. Sr.: En vista del informe del Consejo Supremo de Guerra y Marina de 6 del actual, relativo al expediente de juicio contradictorio para la cruz de San Fernando, instruído con objeto de averiguar el derecho á la misma del destacamento de Baler (Filipinas); y resultando de dicho procedimiento, que al fallecer el jefe de aquel se hizo cargo del mando el segundo teniente de

(1) Real orden de 5 de Marzo de 1901. (D. O. n.º 51.)

Infantería, hoy capitán, D. Saturnino Martín Cerezo, quien á pesar de las bajas tenidas, tanto causadas por el enemigo cuanto por las enfermedades epidémicas que se desarrollaron, la escasez de víveres y la falta de vestuario y comunicaciones, pudo prolongar tan notoria defensa, manteniendo la disciplina, reprimiendo algún intento de sublevación en sus tropas, imponiendo duro correctivo á los promovedores y rechazando repetidas intimaciones de rendición, hasta que después de 11 meses de asedio, en 2 de Junio de 1899, capituló; siendo el único que, extremando la defensa, contrajo méritos dignos de tan exclarecida recompensa, el Rey (q. D. g.), y en su nombre la Reina Regente del Reino, de acuerdo con el parecer del citado Consejo Supremo y por resolución de 10 del actual, ha tenido á bien conceder al referido oficial la cruz de segunda clase de la Real y Militar Orden de San Fernando, con la pensión anual de 1.000 pesetas, abonable desde el 2 de Junio de 1899, día en que terminó la suma de méritos contraídos como jefe del expresado destacamento, según determina la Real orden de 17 de Noviembre de 1875, y correspondiente al empleo de primer teniente que en aquella fecha disfrutaba, por considerarlo comprendido en el caso 55 del art. 25 y en el 33 del art. 27 de la ley de 18 de Mayo de 1862 (1).

Y finalmente:

Con fecha 1.º de Febrero del corriente año de 1904, y suscrita por D José Canalejas y Méndez, D. Julián Suárez Inclán, D. José Ortega Munilla, D. Ramón Nocedal, D. Eduardo Dato, don Baldomero Vera de Seoane y D. Natalio Rivas, se presentó la siguiente proposición:

_____

(1)   Real orden de 11 de Julio de 1901. (D. O. n.º 150.)

· AL CONGRESO

Ningún español ha olvidado la heroica defensa del poblado de Baler por unos cuantos héroes al mando del comandante D. Enrique de las Morenas. (1)

No será, por tanto, nesesario evocar la memoria de aquel trágico suceso, uno de los más gloriosos de la campaña de las Islas Filipinas.

Muerto el comandante Las Morenas defendiendo aquel pedazo de tierra española, luchando con la falta de víveres y de municiones, la Patria debe premiar tan altos servicios en la viuda é hijos de tan heroico militar.

Por estas consideraciones, los Diputados que suscriben ruegan al Congreso se sirva tomar en consideración la siguiente

PROPOSICION DE LEY

Artículo único. Se concede á Doña Carmen Alcalá y Buelga, viuda del comandante D. Enrique de las Morenas la pensión anual de 5.000 pesetas, transmisible á sus hijos, y sin perjuicio de la que por Montepío le correspondiese con arreglo á las disposiciones vigentes.

Palacio del Congreso, etc.

Aprobado este proyecto por ambas Cámaras se promulgó con fecha 9 de Mayo próximo pasado.

------

(1) Creo que el Parlamento ha realizado un acto de justicia concediendo esta gracia singularísima y distinguida; pero creo igualmente que al proponerla no debieron emplearse términos tan absolutos como los empleados. El capitán Sr. Las Morenas falleció el día 22 de Noviembre de 1898, á los CIENTO CUARENTA Y CINCO de sitio, y el destacamento de Baler no capituló hasta el 2 de Junio de 1899, Á LOS CIENTO NOVENTA Y DOS DÍAS DE HABER FALLECIDO el referido capitán. A cada cual lo suyo y... nada más quiero decir á este propósito.

BANDO DEL GENERAL AUGUSTI

D. Basilio Agustí y Dávila, Teniente General de los Ejércitos Nacionales, Gobernador y Capitán General de las Islas Filipinas y General en Jefe de su Ejército. = Ordeno y mando.

Art. 1.º Serán juzgados por los Consejos de Guerra, en juicio sumarísimo, y condenados á muerte como reos del delito de traición

1.º Los que se concierten con representantes de los Estados Unidos, con individuos de sus ejércitos ó escuadras, con ciudadanos norteamericanos ó con extranjeros que estén al servicio de dicha nación, para favorecer el triunfo de sus armas ó perjudicar las operaciones de los ejércitos españoles de mar y tierra.

2.º Los que faciliten el desembarco de fuerzas norteamericanas en territorio español.

3.º Los que provean al enemigo de provisiones de boca, municiones de guerra, carbón ó cualquiera otros elementos que contribuyan á su subsistencia ó á mejorar su situación.

4.º Los que le faciliten datos ó noticias que le permitan rehuir combate con las fuerzas nacionales, ó provocarlo en condiciones más favorables, ó realizar algún ataque á puesto militar, plaza, buque de la Armada ó de la Marina mercante española.

5.º Los que intenten seducir tropas ó marinería que esté al servicio de España con objeto de que deserte.

6.º Los que intercepten canales, esteros, caminos, vías telegráficas ó telefónicas, retardando de este modo, ó intentando retardar el curso de las operaciones de la escuadra ó del ejército nacionales.

7.º Los que promuevan rebelión ó desórdenes públicos en cualquiera parte del territorio de esta Capitanía general.

8.ª Los que mantengan con el enemigo relaciones de

cualquiera clase, directamente ó por medios indirectos; y

9.º Los que reciban armas ó municiones de guerra facilitadas por el enemigo.

Art. 2.º Serán también juzgados en juicio sumarísimo y condenados como reos del mismo delito de traición, á la pena de cadena perpetua ó á la de muerte, según las circunstancias:

1.º Los que propongan la capitulación ó rendición al enemigo de plaza, barco ó puesto militar ó de fuerzas que se encuentren sitiadas, bloqueadas ó amenazadas por las enemigas.

2.º Los que viertan noticias ó especies que tiendan á desalentar á los defensores de la patria.

Manila, 23 de Abril de 1898. = El General en Jefe, *Basilio Augustí y Dávila*.

ARTÍCULO de *El Diario de Manila* excitando se acuda en auxilio de los sitiados. (Publicado en Diciembre de 1898.)

EL DESTACAMENTO DE BALER
HERÓICA DEFENSA

Nos consta de una manera positiva que el día 11 del actual se estaba aún defendiendo con heroísmo incomprensible el reducido destacamento de Baler (Distrito del Príncipe).

Estrañeza grande causará al mundo entero la resistencia prolongada de aquel puñado de españoles que, sin perspectiva alguna de auxilio, y aislados del resto del universo, sostienen con rigor inaudito y con serenidad imperturbable el honor de la bandera jurada, sin más aliento que el recuerdo querido de la Patria ni otra esperanza que la de sucumbir peleando.

Pero más extrañeza que este valor extraordinario, causará el abandono en que nuestros gobernantes han teni-

do y siguen teniendo á aquel puñado de valientes, como
si fuese necesario demostrar hasta el último momento
de nuestra dominación en Filipinas, la incapacidad de
las autoridades llamadas á velar por los intereses españoles en estas Islas.

Sabemos que, por quien corresponde, se telegrafió
hace días al Gobierno de Madrid, exponiendo la afflicti-
va situación en que debe encontrarse el referido destacamento, é indicando la conveniencia de que fuese enseguida un barco de guerra á recoger á aquellos valerosos
soldados; y sabemos también que por el Gobierno de la
Metrópoli se preguntó donde estaba Baler, contestándose
inmediatamente que en la contra costa de Luzón y señalando al propio tiempo la longitud y la latitud de dicho
punto.

El silencio más profundo ha sido la resolución del
desdichado gabinete del Sr. Sagasta.

Por otra parte, se ha telegrafiado también al general
Ríos, rogándole despachara para Baler uno de los bu-
ques de guerra que en Ilo-Ilo tiene á sus órdenes, y, á
semejanza de nuestro Gobierno, ha dado la callada por
respuesta.

¡Qué bien debe gobernarse así!

Pero, dejando ahora aparte las censuras, no debe trans-
currir ni un sólo momento sin que todos los españoles
residentes en Manila gestionemos, por cuantos medios
se hallen á nuestro alcance, el auxilio inmediato de aquellos émulos de Numancia y de Sagunto.

Firmada ya la paz entre España y los Estados Unidos
y renunciada por nuestra nación la soberanía sobre Filipinas, resulta un crimen espantoso dejar abandonados á
aquellos infelices que, por lo visto, han decidido morir
antes que entregarse. Y aunque también sabemos que
por las fuerzas revolucionarias se ha mandado á un oficial español de los que tienen prisioneros en Nueva Ecija
para participar al destacamento de Baler el verdadero

estado de las cosas, á fin de que cesen en su obstinada
resistencia y se rindan al Gobierno filipino; es también
muy probable que aquellos valientes no hagan caso de
emisario ninguno hasta que reciban noticias oficiales
por conducto que aquellos supongan bastante autori-
zado. Por esto creemos de urgente necesidad la adopción
por nuestras Autoridades de cuantos recursos se hallen
á su alcance para libertar al heróico destacamento mencionado.

A nuestro modo de ver el general Rizzo debería visi-
tar al Almirante M. Dewey y exponerle la desesperada
situación en que se hallan aquellos españoles, al propio
tiempo, que la falta de medios con que él cuenta para
poder enviar allí un buque de guerra, solicitando, á este
fin, el envío inmediato de uno americano que fuera á
recoger á los dignos defensores de la cabecera del Príncipe.

Firmada la paz entre España y los Estados Unidos, no
hay desdoro alguno para el general Rizzo en obrar como
dejamos indicado. Y estamos seguros que, tratándose
como se trata de una labor humanitaria, el Almirante
americano acudiría gustoso á lo solicitado, y. los valientes soldados de Baler podrían llegar en breve á esta capital.

Hay que hacer algo, hay que sacudir esa prolongada
inercia de nuestros gobernantes, y ya que ni el Gobierno
de Madrid, ni el general Ríos han hecho caso alguno de
los avisos recibidos, procure el general Rizzo no aparecer como cómplice en aquel modo de obrar y acepte
nuestra modesta indicación, abandonando, por un momento, el solitario retiro donde se ha refugiado.

Proseguir por más tiempo sin auxiliar al heróico destacamento de Baler, constituiría un crimen inaudito y
nosotros creemos bastante honrado al general Rizzo
para abrigar la esperanza de que procurará á todo trance
no se cometa aquél.

17

Aguardaremos el resultado de nuestra excitación con verdadera ansiedad, pues no podemos alejar de nosotros, ni por un sólo instante, las penalidades que deben sufrir los heróicos soldados de Baler.

Asediados constantemente por un enemigo que es dueño absoluto de todo el territorio de la isla de Luzón, excepto de ese pequeño pedazo de. tierra, donde todavía ondea orgullosa la bandera de la Patria; sin municiones casi; pues no es posible que las tengan abundantes después de tantos meses de sitio; sin más víveres acaso que los que les proporcione la pesca; con numerosas bajas, ya de enfermos, ya de heridos; el sufrimiento de aquel puñado de valerosos españoles debe ser tan grande como su heroísmo.

Acúdase pronto á su auxilio, y no hagamos, con nuestro abandono, estériles tales sacrificios; ya que el destacamento de Baler tiene la gloria de ser el único de Luzón que se sostiene á los cuatro meses de capitulada Manila y de perdida toda la isla, tenga también la satisfacción de ser el único de Luzón que no ha tenido que entregar sus armas.

ARTÍCULO DE *El Noticiero de Manila* (1) impugnando rumores y calumniosas versiones contra el Destacamento.

LO DE BALER

Desde las primeras horas de la mañana de ayer no se habla de otra cosa en los círculos españoles de Manila que de la fracasada misión del Teniente coronel señor Aguilar y de la actitud, al parecer incomprensible, del oficial y de los soldados que componen el destacamento, heróico de todas suerte, que aún defiende la cabecera del Príncipe.

(1) Publicado el 3 de Junio de 1899.

Y como quiera que la opinión anda algo extraviada, vamos á permitirnos algunas observaciones que aclaren las referencias, á nuestro juicio, con muy poco acogidas por los periódicos españoles en esta capital.

Como indicábamos ayer, no es posible formarse todavía una idea exacta de lo que ocurre en la cabecera del Príncipe; por eso no quisimos hacernos eco de los mil rumores que, cual bola de nieve, según la frase vulgar, iban de boca en boca, desfigurando los echos y exaltando las imaginaciones calenturientas.

Pero ya que, como decimos antes, algunos periódicos han acogido esos rumores, creemos un deber nuestro hacer lo posible para que la opinión reaccione y no se déje llevar por impresiones del momento.

Por eso, pasada la agitación que las primeras noticias produjeran, rogamos á nuestros lectores que suspendan todo juicio hasta que pueda éste ser exacto, sometiendo, miéntras llega ese dia, las siguientes reflexiones á su consideración.

Claro es que todas nuestras observaciones serán *hipotéticas*, pero no se podrá tampoco negar que son perfectamente *lógicas*. Y antes de *entrar en materia* vamos á permitirnos algunas *notas* aclaratorias.

En primer lugar, no es cierto que la *cortesía* oblige, como supone un colega, á recibir inmediatamente á un parlamentario que viene del campo enemigo, como era, *para el destacamento de Baler*, el Sr. Aguilar.

Y en segundo lugar, tampoco es cierto que *de lo sublime á lo vulgar no hay más que un paso, muy fácil de dar, que puede convertir una epopeya dramática y gloriosa en suceso vulgar y corriente*, como supone otro periódico. Porque sean cuales fueren los móviles que impulsan á los héroes de Baler á prolongar su defensa, ésta nunca será un *suceso vulgar y corriente*, sino extraordinario y sublime. ¡*Suceso vulgar y corriente* la defensa de un poblado por 33 hombres, después de un año de sitio!

Hechas estas dos observaciones, vayamos *al grano* poniendo *el dedo en la llaga.*

¿Se ha hecho por nuestras autoridades todo lo posible para salvar á ese famoso destacamento? ¡No y mil veces no! Vamos á demostrarlo.

Desde la misión del capitán Olmedo, en Febrero último, si no recordamos mal, esto es, desde el primer emisario enviado por nuestras autoridades y no reconocido por el destacamento, han transcurrido *tres meses.* ¿Y no es lógico suponer que aquellos héroes habrán tenido la perfecta convicción de que Olmedo no era enviado de Ríos, cuando han pasado *tres meses* sin que recibieran nuevas noticias de nuestras autoridades? ¿No es lógico suponer que creyeran á Olmedo un enviado de los filipinos, como lo fué Belloto. ¿No es lógico suponer que el incidente *Yorktowon* les habrá hecho más y más recelosos? ¿No es lógico suponer que al ver al Sr. Aguilar desarmado se acentuaran sus sospechas? ¿No es lógico suponer que, al ver el *Uranus,* un buque mercante aumentaran sus recelos? Pónganse los lectores en su lugar y tengamos todos un poco de sentido común. Si *Martín* fuese un loco, habría desde luego rechazado el parlamento solicitado por el Sr. Aguilar, como rechaza todos los que los filipinos solicitan. El hecho de querer ver el *Uranus* ¿indica obcecación? ¿no es más lógico suponer que signifique una justificada desconfianza.

Seamos razonables: ¿Cuántos parlamentarios han enviado á Baler nuestras autoridades? Dos. Uno, Olmedo, en Febrero. Otro, Aguilar, en Mayo. Pues bien, si el destacamento de Baler, fíjense bien nuestros lectores, tiene *sentido común,* para él, Olmedo fué un enviado de los filipinos. Porque es contra el *sentido común* el que, si Olmedo era realmente enviado por el general Ríos, hayan transcurrido *tres meses* sin nuevas intimaciones. ¿Qué culpa tiene el destacamento de Baler de que nuestras autoridades carezcan de *sentido común?* ¿Cómo pueden pensar aquellos héroes que aquí se haya obrado tan torpemente?

El Teniente coronel Sr. Aguilar iba ya con más garantías, y nótese bien que fué mucho mejor atendido que el Sr. Olmedo. Ahora bien, como el general Ríos no va á Baler, creerán otra vez los defensores de esta plaza que el Sr. Aguilar no iba de parte del general Ríos ó que el general Ríos carece de libertad.

No se nos diga que el general Ríos no podía ir á Baler, porque, aunque sea ya desgraciadamente demasiado tarde, vamos á demostrar lo contrario.

Si Ríos, al salir hoy de Manila, se hubiese dirigido á Baler con el *P. de Satrústegui;* si al llegar allí solicitase parlamento con el jefe de las fuerzas filipinas; si, de acuerdo con éste desembarcase en la ría de Baler y se dirigiera, con cuatrocientos ó quinientos soldados, hacia el convento, al grito de ¡ *Viva, España!* ¿no creería el destacamento que aquellos eran sus libertadores? imbécil sería el que dudara ni un momento siquiera de la facilidad con que entonces se verificaría la evacuación.

Y si lo que es absolutamente imposible, así no sucediera, entonces si que se habría cumplido con todos los deberes que la Patria impone.

Pero no, ni un solo momento vacilarían aquellos heróicos defensores de nuestra gloriosa bandera, al ver á sus compatriotas *armados* que iban á libertarlos.

Porque: ¿puede nadie creer que estén allí por gusto? ¡Debe ser muy divertido estar sitiados tanto tiempo!

¡Debe ser muy consolador ei ver que de los 54 que comenzaron el sitio, sólo quedan 33!

«¡Oh! — dicen algunos — es que hay algo que los impide volver á España, por el temor del castigo.» Antes de refutar esa absurda calumnia, que no vacilamos en calificarla de tal, hemos de hacer constar que si tratamos de ella, es sólo porque algún periódico se ha hecho ya eco de la misma.

Eso de que el teniente *Martín* tiene *ocho* de los *treinta
y tres* soldados que componen el destacamento, á su favor, y que esos *nueve* hombres imponen su voluntad á
los otros *veintidós*, nos parece evidentemente una *bola*, y
permitásenos la frase, tan enorme que no comprende-
mos como haya podido caber en ningún cerebro bien
organizado.

Porque, por acobardados que estuviesen los *veintidós*
ante la entereza de los *nueve*, no sería tan difícil á los
primeros desarmar á los segundos, ya cuando estuviesen
durmiendo, ya aprovechando cualquiera de sus descui-
dos, que algunos tendrán por muy vigilantes que sean.
En segundo lugar, sería absolutamente imposible que
los *nueve* pudieran sostenerse contra el enemigo exterior
y contra los supuestos *veintidós* descontentos de dentro,
á menos que se les suponga dioses. Y, por último, si
existiesen esos *veintidós* disidentes, ¿no habrían aprove-
chado el parlamento del Sr. Aguilar, para ponerse á las
órdenes de éste? Cuando *Martín* estaba haciendo la siesta: ¿por qué los centinelas no dejaron pasar al enviado
del general Ríos? Y no se diga que esos centinelas eran
de los *ocho* adictos á *Martín*, porque es imposible que los
veintidós del *cuento* no oyeran los toques de parlamento
y no se apercibieran de la llegada de Aguilar.

Creemos haber dejado suficientemente pulverizada la
novela de los veintidós. Sin embargo, aún nos vamos á
permitir otras observaciones.

El heróico y ya legendario destacamento de Baler ha
tenido, durante el sitio, tres jefes: el capitán Sr. *Las Morenas;* el teniente Sr. Alonso y el actual. Pues bien: al
capitán Sr. *Las Morenas* le intimó la rendición el coronel filipino Calixto Villacorta, intentando enviarle,
como parlamentario, al capitán español Sr. *Belloto, Las
Morenas* se negó rotundamente á admitir el parlamento. Falleció, según parece, *Las Morenas* y se encargó del
mando, por sustitución reglamentaria, el teniente *Alonso,*

á quien entregó Olmedo los pliegos del general Ríos, or-
denándole la evacuación, *Alonso* recibió á Olmedo pero
no le hizo caso. Muere *Alonso* y le sustituye *Martin*. Este
recibe á *Aguilar* quiere cerciorarse de la legitimidad de
los poderes que ostenta el parlamentario, y, finalmente
vacila y pide que vaya el general Ríos como prueba de
que es cierto lo que dice *Aguilar*. Nótese bien que es
evidente la unanimidad de criterio de los tres oficiales
que han tenido sucesivamente el mando del destacamento. Es indudable que á esa unanimidad de criterio en
los tres jefes distintos que ha tenido la guarnición de
Baler, corresponde la unanimidad de criterio de ésta. Si
hay descontentos deben ser evidentemente en minoría.
Y nótese otra cosa más singular aún, y que prueba vic-
toriosamente que no existe esa pretendida obstinación,
sino sólo un plausible espíritu militar y una exagerada
desconfianza que han hecho posible los desaciertos de
nuestras autoridades. El hecho singular á que nos refe-
rimos es el siguiente: *Las Morenas*, en *Diciembre, se niega
á recibir á Belloto; Alonso,* en Febrero, *recibe á Olmedo,*
pero no le contesta; *Martin,* en *Mayo recibe y pide pruebas
á Aguilar.* ¿Dónde está la obcecación? ¿No se vé clara-
mente la actitud correcta del destacamento?

Queda probado, pues, que no hay nada de lo que se
dice por ahí.

Vamos, sin embargo, á refutar la más absurda de todas las versiones acogidas por la prensa.

Dícese que algunos cazadores, *desertores del destacamento,* y que actualmente se hallan formando parte de las
tropas filipinas, han dicho *algo muy triste* sobre la muerte de los Sres. *Las Morenas* y *Alonso.*

Suponiendo, y ya es mucho suponer que esto sea cierto, ¿qué crédito merecen esos *desertores?* Claro está que si
han *desertado* del destacamento, tratarán de disculpar su
deserción de mil maneras. Porque es absurdo suponer que
esos *desertores* digan que el destacamento cumple con su

deber y que ellos son unos traidores. Bastaría, por lo tanto, que lo dijeran esos *desertores* para que se pusiera en cuarentena.

Pero aún hay más: suponiendo que fuese cierta esa versión, no explica tampoco la porfiada resistencia del destacameto.

Porque si este creyera que está imposibilitado para volver á España ¿sostendría con tanto heroísmo el honor de nuestra bandera? ¿Arrostraría las mil penalidades de un sitio tán prolongado, por defender el terreno de una nación, á la que según los que acogen esas versiones no podrían volver? ¿No es natural que en este caso se hubieran pasado á los filipinos, quienes les hubieran recibido con los brazos abiertos? Esto suponiendo que no pudiesen declarar lo que á todos conviniera, ya que lo que se haya hecho, lo habrá sido con el consentimiento de todos.

Y á parte de que, dada la actitud del destacamento, sólo se concibe que hubiera hecho lo que alguien supone, en el caso de que *Las Morenas* y *Alonso* hubieran querido rendirse, y entonces nadie podría acusarle, pues *Martín* había cumplido con su deber, fusilando á quien predicaba la entrega, con arreglo á todas las leyes militares y en particular al bando del genéral Augustí del 21 de Abril de 1898.

Creemos, pues, que deben desecharse todas esas novelas, porque lo único que hay en Baler es una *leyenda* y como tal, rodeada de misterios.

No es que creamos nosotros que es *vulgar y corriente* lo que ocurre en Baler, ¡cómo ha de parecernos *corriente* una defensa tan heróica!

Pero lo que sí decimos es que carecemos todos, absolutamente, todos de datos suficientes para juzgar estos hechos con el conocimiento de causa necesario.

Entretanto, locos ó héroes, ó ambas cosas á la vez, los defensores de la cabecera del Príncipe están demostrando

al mund⸱ entero que todo eso de: *la leyenda ha concluido;*
PASARON YA AQUELLOS TIEMPOS; *la raza ha degenerado,* es
música, pura *música.*

¡Pregúntese á los sitiadores de Baler si ha degenerado
la raza!

OFICIO de la Presidencia del Ayuntamiento de
Barcelona, saludando y felicitando al destacamento en nombre de aquella Excma. Corporación.

Hay un membrete que dice: Ayuntamiento Constitucional de Barcelona. Presidencia.

«El Excmo. Ayuntamiento que me honro en presidir
al hacer constar en actas la intensa satisfacción con qué
vió la llegada á esta capital de los 33 defensores de Baler,
resto del heróico destacamento que tan alto sostuvo el
pabellón español en Filipinas, en consistorio del día 1.º
del actual acordó que una Comisión de su seno, en relación con la Autoridad militar superior de Cataluña, les
visitase para ofrecerles el testimonio de admiración de
este Cabildo municipal y les transmitiese el acuerdo de
referencia.

La perentoriedad con que dicho destacamento abandonó esta ciudad no dió lugar á que se llevase á cumplimiento el transcrito acuerdo, y por ello esta Presidencia
desea de que llegue á conocimiento de los interesados
por considerarlo genuina expresión de los sentimientos
que en los barceloneses todos produjeron los señalados
hechos por ellos realizados, lo notifica á V. S. como á
digno jefe que fué de aquella fuerza, felicitando al propio tiempo en el de V. S., el heroísmo de todos sus individuos, que en medio de los desastres que han afligido
á España, supieron añadir una página más al libro de
oró de su historia.

Dios guarde á V. S. muchos años. Barcelona 4 Septiembre de 1899.=El Alcalde Constitucional Presidente, *Antonio Martínez Domingo*, rubricado.

Hay un sello que dice: «Ayuntamiento Constitucional Barcelona.»

Sr. D. Saturnino Martín Cerezo, 2.º teniente de Infantería, jefe del destacamento de Baler.

Acuerdos tomados por el Ayuntamiento de Miajadas (Cáceres) en sesión extraordinaria de 25 de Octubre de 1899.

Don Enrique Fernández de Andrés, Secretario del Ayuntamiento de esta villa.

Certifico: Que en el libro de actas de las sesiones que celebra este Ayuntamiento y al folio cuarenta y cinco del mismo, se encuentra la que copiada á la letra es como sigue:

«En la villa de Miajadas, siendo las siete de la noche del día 23 de Octubre de 1899, previa especial convocatoria, se reunieron en el Salón de Sesiones de estas Casas Consistoriales los Concejales Sres. Galán, Masa, Carrasco, Pintado, Correyero, Pedrero y Redondo, bajo la presidencia del Sr. Alcalde D. Emilio Sánchez Sáez, á cuyo acto concurren las autoridades militares y eclesiásticas, así como el heróico jefe del destacamento de Baler, don Saturnino Martín Cerezo, en honor del cual se celebra esta sesión extraordinaria.

Abierta ésta de orden del Sr. Presidente, yo el infrascrito Secretario dí lectura del acta de la ordinaria anterior, que sin discusión alguna y por unanimidad fué aprobada.

Acto seguido el Sr. Presidente dió lectura de la siguiente carta:

«El Gobernador civil de Cáceres. — 9 de Octubre de 1899.—Sr. D. Emilio Sánchez, Alcalde de Miajadas.—Muy señor mío y de toda mi consideración: La carta de usted del 6 de los corrientes, que acabo de recibir, me ha servido de gran satisfacción por penetrarme en los altos propósitos de ese Ayuntamiento de su digna presidencia, de honrar al heróico jefe del destacamento de Baler, don Saturnino Martín Cerezo, á quien ese pueblo tiene el legítimo orgullo de contar entre sus hijos.

Siento en el alma que ocupaciones perentorias y de importancia suma me impidan ausentarme un solo momento de esta capital, privándome así de presenciar y presidir esos hermosísimos actos á que ha de dar lugar la sesión extraordinaria que ese Ayuntamiento se propone celebrar al objeto referido.

Si para él de algún modo creyeran necesaria mi cooperación, cuenten desde luego con ella de manera incondicional, permitiéndome indicarle que entre los acuerdos que se adopten lo sea alguno de tal carácter que perpetúe el hecho; pues los pueblos que honran á sus hijos preclaros, se honran á sí mismos.

Muy pertinente es su indicación de contar con el señor Gobernador militar, y por mi parte, dada la imposibilidad de ir á esa, le encarezco me represente en dichos actos, dándome cuenta, una vez verificados, para su mayor publicidad y para ponerlos en conocimiento del Gobierno de S. M.; sirviendo así de ejemplo á todos y de honra en primer término para ese pueblo, y siempre para esta desgraciada Nación, digna de mejor suerte.

En V. y en la Corporación que preside saluda á la villa de Miajadas, haciendo votos por su prosperidad moral y material, su afectísimo amigo, seguro servidor que besa su mano, *J. D. de la Pedraja.*»

Terminada que hubo, el mismo Sr. Alcalde, empieza manifestando, que creía ante todo de su deber, dar las más expreslvas gracias á la primera Autoridad civil de la provincia por su interés y atención; y que aún cuando no se cree merecedor ni con títulos bastartes acepta gustoso su delegación representándola en este acto, siquiera sea para proponer en su nombre, y creyendo interpretar fielmente sus deseos, que para perpetuar de algún modo los heróicos hechos llevados á cabo por el digno hijo de este pueblo, D. Saturnino Martín Cerezo, se tomen los siguientes acuerdos:

Primero. Variar el nombre de la calle en que nació el valiente defensor de Baler, poniéndole el suyo, y que á la calle de Mesones se la conozca con el de la calle de la Reina en lo sucesivo, que es el nombre que actualmente lleva la que se ha de conocer desde hoy con el de Martín Cerezo.

Segundo. Que en el Salón de Sesiones de este Ayuntamiento se coloque una lápida de mármol con una inscripción conmemorativa de este acto, y otra de hierro fundido en la casa en que nació el sufrido y horóico hijo de este pueblo.

Tercero. Que por el Ayuntamiento se encabece una suscripción con cincueta pesetas, á la cual pondrán adherirse cuantos lo deseen, debiendo hacerse pública, y que tendrá por objeto regalar al capitán D. Saturnino Martín Cerezo un sable de honor como recuerdo de sus paisanos.

Y cuarto. Que de este acta se expida por el Secretario de la Corporación una certificación que deberá remitirse con atenta comunicación al digno Sr. Gobernador civil de la provincia.

Seguidamente vario; Sres. Concejales hacen uso de la palabra aceptando en un todo lo propuesto por el señor Alcalde y quedando así aprobado por unanimidad (Continúa la sesión).

———————

Acuerdo tomado por el Ayuntamiento de Cáceres en sesión del 9 de Enero de 1900.

Alcaldía Constitucional de Cáceres. El Excmo. Ayuntamiento de la ciudad de Cáceres, con cuya presidencia

me honro, en sesión celebrada en el día de ayer, deseando dar á V. una prueba de la estimación que le merece
por su heróico comportamiento en el Archipiélago filí-
pino, acordó, por unanimidad, declararle hijo adoptivo
de esta capital.

Tengo el honor de comunicarlo á V. para su conocimiento y satisfacción.

Dios guarde á V. muchos.años. Cáceres 9 de Enero de
1900. *Juan J. de la Riva*, rubricado.

Sr. D. Saturnino Martín Cerezo.

ACUERDO tomado por el Ayuntamiento de Trujillo en sesión del 12 de Febrero de 1900.

D. Santiago Fernández Castellano, Secretario del Ex-
celentísimo Ayuntamiento de la ciudad de Trujillo.

Certifico: Que en el libro de actas de las sesiones que
celebra este Ayuntamiento y en la correspondiente al
día doce del actual, se encuentra la siguiente: — Particular de acuerdo.

«El Sr. Crespo, haciéndose eco de los deseos iniciados
en el banquete dado en esta ciudad en obsequio al héroe
de Baler, D. Saturnino Martín Cerezo, gloria del valor y
honra de la historia legendaria de España, propuso se
proclamase hijo adoptivo de esta ciudad á dicho héroe.

El Sr. Pumar dice que pensaba ocuparse de este asunto en igual sentido, congratulándose, sin embargo, de
que se le haya anticipado el Sr. Crespo.

Sin discusión y por unanimidad se acordó de conformidad con lo propuesto y que por la Presidencia se co-
munique este acuerdo al Sr. Martín Cerezo.»

Lo anteriormente inserto concuerda con su original á
que me remito. Para que conste y obre sus efectos, de
orden del Sr. Alcalde y con su visto bueno expido la
presente en Trujillo á diecisiete de Febrero de mil nove-

cientos.—*Santiago Fernández*, rubricado. V.º B.º *Velilla*, rubricado.

Hay un sello que dice: Alcaldía Constitucional de Trujillo.

LOS NORTEAMERICANOS EN BALER.

UN RECUERDO (1)

Un telegrama de Filipinas da cuenta de que las fuerzas norteamericanas destacadas en Baler se han rendido á los insurrectos.

La rendición de esas fuerzas en el mismo sitio donde un pobre destacamento español, sin municiones, sin víveres, sin esperanza de auxilio, contuvo á una enorme masa de enemigos durante muchos meses, es un contraste consolador para España.

La abnegación espartana de aquel puñado de héroes, casi desnudos, hambrientos, pero indomables, imponiendo terror y respeto á fuerzas cien veces mayores, escribiendo en la historia de la patria una de sus páginas más admirables, resulta ahora doblemente grande, doblemente hermosa. Baler estaba consagrado por la sangre de mártires y de los héroes, y hazañas como aquella no se repiten, no puede ostentarlas nación alguna; la orgullosa Norte América podrá tener riquezas inmensa, posesiones dilatadas; pero un *sitio de Baler* no lo tiene, no lo tendrá nunca.

Tras largos meses de ensañada lucha; de resistir las inclemencias y angustias de la fiebre del hambre; de rechazar vigorosos y terribles ataques, el destacamento español salió de Baler á banderas desplegadas, victorioso, invencible.

---

(1) Publicado en el *Heraldo de Madrid* de 5 de Octubre de 1900.

Era un destacamento de agonizantes, de rostros cada-
véricos, de cuerpos devorados por la calentura.

Pero debajo de aquellos uniformes rotos, en aquellos
pechos que temblaban con el frío febril, el corazón de
la patria latía formidable y entero, capaz, como siempre,
de producir asombro al mundo con su valor supremo.

Nos han arrebatado tierras y sangre; justo es que este
recuerdo, avivado por la rendición del Baler norteame-
ricano, nos haga volver los ojos, llenos aún con el llanto
de la derrota, hacia aquellos hijos que realizaron allí
tan bizarra defensa.

Eso no podrán arrebatárselo nunca á España; podrá
caer en la desventura, pero sus sitios de Baler la han
impuesto y la impondrán en el respeto del mundo.

ÍNDICE

18

3 Pesetas

Provincias....... **3,50** pesetas
Extranjero ...... **5** francos

Pedidos al autor, calle de Santa Teresa, 8, 3.º
derecha, ó al Comandante de Infantería D. Juan
Prats en la Caja de Huérfanos de la Guerra (Madrid).

CPSIA information can be obtained
at www.ICGtesting.com
Printed in the USA
BVHW031006190721
612309BV00001B/60

9 781168 570826